「傾聽是促進改變的最強力量。」

卡爾・羅傑斯

前言

「好希望我可以很快就跟別人相處融洽，沒有隔閡……」
「好希望我可以變成一個受人仰慕、值得信任的人……」
「好希望別人願意對我敞開心扉，真心喜歡我……」

如果這些願望都能實現的話，你的人生會變得如何呢？

擁有傾聽力的人就好比一位一流的廚師。

一流的廚師只要有一把料理刀，不論身在何處、使用何種食材，都能做出因應時節又合乎對方口味的料理。最簡單又最能讓人感到幸福的方式，就是招待對方享用美食。

一場婚宴能否成功的關鍵，取決於婚宴料理的美味程度。哪怕婚禮會場佈置得再精美華麗，只要當天的婚宴料理不夠美味，所有的努力都會付之流水。

同樣的道理，不管是參加全是陌生人的活動，還是要與客戶談生意、跟人談戀愛，只要你具備「傾聽力」，就可以放心地前往任何場合、與任何人赴約。因為只要你聽得懂對方想表達的事，你都能在當下的場合找到最適合的話題加以發揮。只要找到對的話題，對話自然就會熱絡起來，對方對你的信任感以及好感度也會增加。所以就算你不開口提起，對方也會主動說：「好想再跟你多聊聊！」

每天為家人下廚的人也是一流的廚師。

就像我們會說料理有「媽媽的味道」一樣，我們吃到有些料理就會覺得既感動又懷念，是因為那些料理的調味料就叫做父母的愛，是母親為了孩子的健康而精心準備的料理。就算這些料理的賣像不是那麼美，使用的也只是平凡無奇的食材，也會讓你充滿幸福又獲得健康。

掌握傾聽力就像料理擁有撫慰人心的力量一樣，可以讓對方感到安心與信任，也可以安慰情緒低落的人，幫助他們維持健康的心理狀態。

有一句話叫做「抓住對方的胃」，意思是靠廚藝擄獲對方的心，有時廚藝也是找到戀愛對象或結婚對象的致勝關鍵。同樣的，聽得懂對方想說什麼的人自然也就能掌握對方的心。只要具備好的傾聽技巧，你就能成為對方心中特別的那個人。

若想為別人煮出健康的料理，那麼自己也要每天都保持健康的飲食才行。倘若自己都沒辦法保持健康的身心，更不用說要帶給別人幸福。一定要先具備傾聽自己內心聲音的能力，你才有辦法治好自己心中的傷，以及喚醒沉睡的才能。不僅如此，你也能夠實現你的夢想。只有真正懂得愛自己的人才能真正親近他人、傾聽他人。

許多人都希望自己更有影響力、更有聲望、得到更多人的愛戴，於是拚命地追求財富、地位、才能以及出眾的容貌。不過，其實這些都不是必須追求的事物。

從前有人說希望自己擁有神明一般的影響力，他感嘆自己不論再怎麼努力，為何還是得不到眾人的認可。不過，我想請各位想一想，這世界上有哪位神明會對著人喋喋不休呢？

神明都是靜靜地聽著世人訴說。

所以，如果想擁有神一般的影響力，也就是具備廣大的影響力，那就一定要具備傾聽能力，別無他法。

讓人生有所不同的，並不是「說話方式」，而是「傾聽方式」。

只有懂得聽的人才能獲得眾人的愛戴、財富、工作以及愛。

所以，「聽得懂別人說話的人」與「聽不懂別人說話的人」的人生就會有雲泥之別。

「我常常跟人聊一聊就聊不下去……」

「我每次都多嘴，結果就搞砸了……」

「只要一跟人講話，我就會很緊張……」

有這樣的經驗或憂慮的人，其實愈能成為一個懂得傾聽他人的人，因為人都是經歷過失敗才會有所成長。所以只要願意的話，不論是誰都學得會傾聽的能力。

掌握傾聽的能力能讓你的人生變得更加美好，各位不妨也來試試吧。

藤本梨惠子

◎給人好感的100個傾聽好習慣　目次

第2章 工作、人際關係篇

第3章 讓對方卸下心防的傾聽篇

第4章 善解人意的傾聽技巧篇

第5章 增進提問技巧的方式篇

第6章 認同對方的傾聽篇

第 7 章 整頓內心的傾聽篇

第 1 章

傾聽的基本篇

01「懂得傾聽」比「懂得說話」更重要

坊間有非常多的書籍都在教我們表達的方式。

那麼，為什麼我們的注意力全放在如何學會好好說話呢？

人都希望自己過得幸福快樂，自然想解決自己的煩惱及問題，所以就會「希望有人願意傾聽自己說話」，也就是「希望有人可以了解自己」，更進一步來說就是「希望有人給予自己建議」。

不過，有時對方給我們的建議未必是我們想要的，問題也就沒有得到解決。這時，有些人就會覺得：「一定是我表達的方式不夠好，才沒辦法找到解決方法，所以我還是必須多多學習表達方式。」

但是，**問題的解答其實不在別人身上**。不論是諮商還是教練式領導，都告訴我們**「答案其實就在自己的心中」**。

我們真正需要的不是別人給我們的建議，**更重要的應該是具備傾聽的能力，讓自己透過對方說的話獲得啟發，發現自己真正的問題所在，然後去解決問題。**只是傻傻地聽並不會讓我們有任何發現，也不會得到任何啟發。

有時我們希望讓對方更了解自己的情況，於是一直自顧自地說個不停，但這樣做其實會讓對方沒有機會開口說話，反而害自己未能獲得任何重要的資訊。

除此之外，對方也未必會知道我們真正的需要，不曉得應該怎麼說才好。這時，我們就必須具備「傾聽力」，才能從對談中找出自己希望獲得的資訊、話題。

傾聽能力好的人善於找出對方話語的核心部分並且加以發揮。所以，他們在解決自己的煩惱時也能善用從對方的話語之中得到的啟發。

只要提升傾聽能力，就會加強洞察能力，解決問題的能力自然也會變得更好。

不只如此，我們還可以培養自己找出心中答案的能力，讓自己不會變成一個只聽從他人意見的人，活出屬於自己的人生。

所以，**我們更需要加強的其實不是表達的能力，而是傾聽的能力。要懂得傾聽別人說話，自己才有機會變得更幸福。**

藉助傾聽之力提升人生的品質！

02 會聽的人比會說的人更讓人信任

表達方式受眾人重視的原因之一，就在於電影、電視節目、廣播節目、社群媒體或YouTube影片分享平台等一切影視娛樂的結構，都是單方面地輸出各種資訊，而聽眾及觀眾則負責接收這些資訊。

舉例來說，在電視或影音平台上看到諧星搞笑、口才佳的人跟觀眾分享軼聞趣事，而觀眾自始至終都是負責接收，或是被影片、貼文的內容逗得哈哈大笑後在社群平台上點讚或愛心。正因如此，我們才會誤以為自己被吸引全因為他們的表演、表達能力很好。

影視娛樂是一種獨白型的表達。但是，**在我們的日常生活中，人與人的互動幾乎不存在這種單方面的表達**。我們時時都要與他人互動溝通、與他人進行對話。

你覺得如果一個人在初次約會時只顧著自己說話，這樣對方還會願意再與他約會嗎？也許這個人並沒有惡意，只是覺得讓對方更了解自己的話，就會比較容易給人好感。

不過，一直被迫聽自己不感興趣的事情是真的很難熬。

人一定要聽到對方的發問，才會感受到對方對自己的在乎與關心。在感受到對方的關心以後，自然就會產生好感。**愛從來都不是出自於個人的獨白，而是誕生自人與人之間的對話**。換句話說，**會傾聽比會說話更加重要也更加管用**。

我提供的職涯諮商服務也包括畢業生的就業輔導。

許多有意招聘應屆畢業生的企業都會提供學生進行企業實習（職場體驗）的機會，希望藉此讓學生感受到企業的魅力。從前許多企業都是以單方面宣傳企業魅力的方式舉辦實習活動，不過現在為了避免招募後發生人才錯配的情況，也增設了個別對談的時間，對談內容包括：針對學生在實習期間的表現給予反饋、聆聽他們對於企業實習的感想等等。

實習活動採用了更讓雇傭之間能加了解彼此的對話形式（也就是傾聽對方），而不是單方面宣傳形式（也就是獨自表達）的企業，最後都成功地招募到他們想要的人才，新員工進入公司以後比較能夠適應職場環境，離職率也比較低。

銷售產品也是如此，不傾聽客戶的需求，只自顧自地介紹及說明產品或服務的人通常都會被客戶拒絕。**獨白式的表達只會顯出自己的企圖，看不到為他人著想的體貼及關懷**。

重視、珍惜對方的方式無他，就是開啟彼此的對話，傾聽對方所說。

愛不是來自個人的獨白，
而是誕生自以傾聽為主的對話！

03 回應時別以自我為中心

對話時總是會惹對方不快的人都容易出現以自我為中心的回應方式。

健身教練：「我覺得做深蹲比較有效。」

喜歡瑜珈的人：「你是說瑜珈姿勢裡的幻椅式對吧？」

健身教練：「什麼瑜珈姿勢，我又不懂。」

喜歡瑜珈的人：「……」

如果對方是好朋友或熟人，像這樣的回應倒是無所謂，但如果交情並不深的話，話題就會沒辦法繼續聊下去。其實就算不懂瑜珈，也可以展現出好奇心及關心，回應對方：「原來瑜珈的幻椅式跟深蹲的動作很像啊？」對話能繼續下去，自己也能了解更多知識。

以社群平台為例，發表貼文的人就是說話者的角色，在底下留言的人則是給予回應的傾聽者。例如：在「素食不使用五辛——大蒜、洋蔥、蔥、韭菜與蕗蕎，如此是為了不讓僧侶產生過多的精力，影響修行」的貼文底下，總是會出現「我不行！五辛都是我愛吃的菜！沒辦法想像沒有五辛的生活」的留言，而這樣的留言就是以否定的角度主張自己的想法，讓人看了不開心。但如果以「原來精進料理還有這樣的規定！不過我要我放棄不吃可能有點困難」作回應，表達意見的同時也給予認同，留下的印象肯定大不同。

在社群平台上留言就像到別人家的院子跟主人打招呼一樣。假如有人特地跑到別人家裡的庭院對著主人說：「你們種了鬱金香啊，不過我很討厭鬱金香。」這樣的人肯定會惹人厭。**要設想對方聽到後的心情，說出會對方聽了覺得高興的話**，例如：「你們家種的花真好看」、「你把花顧得真好，真是太厲害了」等等，**才是最正確的回應。**

把「聽」拆開來看，可以看到這個字是由10個耳朵與眼睛（把右邊中間的「罒」轉90度就是「目」），所以傾聽就是要我們側耳細聽，以積極的態度關心對方所說的一字一句。不論是在實際生活中還是在社群平台上，人都希望自己可以被別人看見，希望有人傾聽自己說的話，並且願意了解自己。**人類擁有一張嘴與兩隻耳朵**是為了理解他人，**比起開口主張自己的意見，側耳傾聽並理解他人才是更要緊的事**。

「愛」的別稱就叫做「理解」。

對話別以自己為中心！

04 對話的主導權掌握在傾聽者的手上

你覺得能讓對話熱絡的主導權在發言者的手上，還是在傾聽者的手上呢？

我曾經在一所充滿問題學生的專門學校教心理學。

這所學校不看學生的成績，學生只要出席時數達到標準就可以取得學分，所以不論是哪一堂課，學生基本上都不聽老師講課。

這些學生在課堂中主要只做三件事情：跟朋友聊天、睡覺以及玩手機。有些學生更誇張，甚至會在課堂上跟其他同學吵架。

除非老師的內心夠強大，否則是不可能在這樣的環境中繼續授課。在這所學校裡，第一天來上課但第二天開始就失聯的老師也不是只有一、兩個而已。

哪怕老師的專業知識再豐富、教學方式再厲害，對著毫無聽課意願的學生授課就像是在刻苦修行一樣。

此外，我也在大學教學生準備專題簡報，有時我會在課堂上請學生體驗以下的情境。

情境的設定是某位學生進行簡報，其他的學生則是聽講者，請他們體驗自己面對這３種聽的態度會有什麼不同的感受。

①發言者在發言時，聽講者在睡覺、玩手機等等，完全不聽別人的發言

②發言者在發言時，聽講者靜靜地聆聽

③聽講者鼓掌歡迎說話者，說話者在發言時，聽講者會一邊看著對方一邊點頭

我請學生體驗這3種情境，扮演發言者的人都表示①的情境會讓人不想多說話，情境③比②更讓人容易開口，也會讓人想要再繼續說下去。

不論對話的內容是什麼，傾聽者的態度都會影響到發言者的心情，能否讓對話繼續下去的關鍵，就取決於聽者的態度。換句話說，對話主導權一直都掌握在傾聽者的手上。

最近，愈來愈多的人都要開線上會議或進行線上簡報。不同於實體會議或簡報，隔著螢幕比較不容易察覺到其他人的表情變化以及氣氛的狀況，所以點頭回應或開口附和時的反應如果可以稍微大一點的話，對話的氛圍就會更加熱絡。

不論是什麼情況，能否使對話熱絡起來的主導權（initiative，主動權）都掌握在傾聽者的手上，所以不論是工作方面還是其他方面，當一個傾聽者才會對自己更有利。

對話的主導權掌握在傾聽者的手上！

05 「不曉得要說什麼才好」的緊箍咒

對話中最常遇到的困擾就是「不曉得要說什麼才好」。尤其是面對初次見面的人、工作上來往的人、許久未曾見面的人，更是讓許多人都煩惱不曉得該跟對方聊什麼才好。

其實，**就是因為我們把心思都放在「我該說什麼」的這件事上，所以才會覺得煩惱。但只要把自己的心態調整成「我要傾聽對方說話」的話，其實就不必特地先想好要聊什麼，也不會給自己太大的壓力**。

以做料理比喻的話，煩惱「不曉得該說什麼才好」的人，就像一個採買了許多食材，前往第一次見面對象的家裡，準備為對方下廚的人一樣。

明明不了解對方的口味與喜好，卻還是自行採買許多食材，結果也不確定這些食材合不合對方的口味，甚至不曉得有沒有對方不能吃的食物。雖然先準備好各種不同的食材還是有機會煮出對方喜歡的料理，但採買這麼多食材不僅耗時，付出的成本也不容小覷。

有些人平時就會蒐集各種新聞話題、有意義的話、有趣的話題等等，並且努力磨練自己的說話技巧，也有一些人會事先把自己想跟對方說的內容記下來。

不過，聊不聊得起來還是要看對方的反應。努力不一定都會得到回報，鑽牛角尖也會影響到與對方見面的心情，讓心情變得沉重，就像過多的食材會讓提袋變得沉甸甸。

相反地，**擅長傾聽的人就像是一個懂得利用對方家中現有食材的人**。

對方家裡的現有食材以及調味料，基本上都是對方喜歡的東西，所以比起使用自己帶來的食材，利用這些食材及調味料做出來的料理更可能符合對方的口味。假如食材不足的話，那就直接詢問對方再去採買即可，既省力又不浪費錢。

擅長傾聽的人**會找出對方當下感興趣的話題，並配合對方的心情變化或話題的轉變，仔細傾聽對方想說什麼**。

對話跟料理一樣都講求新鮮。對方想說的話、關心在意的重點，本來就可能在當下改變，所以與其事前做好萬全的準備，更重要的應該是在當下找出對方心中最新鮮的話題。

想要做到這一點的話，就必須仔細觀察對方的表情及言語舉止，將關心的箭頭朝向對方並認真聽對方說話，並以提問的方式給予回應。

隨機應變，掌握最新鮮的話題！

06 傾聽的「5個基本」

《煙囪小鎮的普佩》作者西野亮廣除了繪本作家的身分，同時也是一名搞笑藝人。據說他在招募員工時會錄取「懂得接受（傾聽）的人」。懂得傾聽的人通常比較會顧慮周圍，所以跟大家一起做事時的氣氛會比較融洽，也不會給其他人造成工作上的麻煩。

或許是因為其搞笑藝人身分，所以有些應徵者就會在面試時一直搞笑，但是西野先生最後並未錄取這些人。因為在專業的搞笑藝人面前故意搞笑只是班門弄斧的行為。

以柔道的用語來說，傾聽就是柔道的基本功「受身」（護身倒法）。我現在還是柔道初級，剛開始在學柔道的時候就是先學習受身的技巧。不管學會再厲害的投技（摔擲使對手跌倒的技巧），要是不懂得受身的技巧，一旦被對手摔擲出去，就有可能讓自己身受重傷。

反之，只要學會了受身的技巧，就算對手再強勁，也不用擔心受到太大的傷害，對手的攻勢就不容易得到「一本」（一勝）的得分，自己才會更有機會贏得勝利。

同樣的，**一直將對話的重心放在表達方式的人往往會讓自己重重摔跤**。就像不懂得受身技巧的柔道選手一樣，不懂得傾聽技巧的人就會跟不上對方的說話節奏以及話題，進而影響到對方的心情及興致，對話自然也就無法熱絡起來。**打造出完美的人際關係靠的並不是成為一個能言善道的人，而是成為一個不隨便樹敵且善於傾聽的人**。

管理學之父彼得・杜拉克說：「許多人都以為擅長說話的人都能建立良好的人際關係，卻不曉得建立良好人際關係的重點其實在於傾聽的能力。」可見傾聽的影響力有多麼地強大。日本有一間小學以日文五十音中的前五個發音「a、i、u、e、o」將傾聽的基本技巧編成口訣**「傾聽技巧a、i、u、e、o」**

a……看著對方的眼睛

i……友善的姿勢

u……一邊點頭

e……保持笑容

o……聽完對方說話

接下來就來詳細介紹對大人也非常重要的「傾聽技巧a、i、u、e、o」，也就是「傾聽的5個基本」。

善於傾聽才是無敵！

07 用眼神接觸表現自己的敬意

在傾聽個5個基本中，第一點是「**看著對方的眼睛**」，也就是視線看著對方，向對方傳達「我想聽你說」的訊息。有句話叫做「眉目傳情勝於口」，也有實驗數據顯示**眼神接觸的次數愈多，好感度就會愈高**。

我有一個前同事總是低著頭，就算有人打招呼也不會抬頭看對方。雖然他還是會跟人打招呼，但是大家對他的印象都不好，也讓別人不想跟他閒談或討論工作的事，因而錯過不少與人互動交流、打好關係的機會。

空服員的新進員工訓練會教導空服員要與乘客進行眼神接觸。空服員必須慢慢地走在走道，一邊看著每位乘客的眼睛默念：「請問有什麼需要為您服務的嗎？」營造出讓乘客容易提出需求的氛圍。而且還不能忘記「再次眼神接觸」，也就是視線移動的順序為眼睛↓物品↓眼睛。例如：乘客如果要了一杯咖啡，端來咖啡時應該先看著乘客的眼睛說：「這是您要的咖啡。」接著再將視線移到咖啡並放在桌上，最後再直視乘客雙眼說：「請慢用。」如此可以向乘客傳達出航空公司以客為尊的態度，也讓乘客更願意開口致謝。

在業務工作方面或以服務客人為主的工作上能做出好成績的人，都是擅長「再次眼神接觸」的人。日本人打招呼的基本做法是「語先後禮」，也就是先說話再彎腰鞠躬。一邊說「實在非常謝謝您」一邊向對方鞠躬的「同時禮」就違反了禮儀規則。**讓人產生好感的人平時打招呼時都會記得「再次眼神接觸」，也就是①先看著對方，②說完「謝謝您」之後再向對方鞠躬，③抬起頭時再看著對方的眼睛**。

若不願意眼神接觸，會讓對方產生「這個人沒有自信」的印象。假如看著對方的眼睛就會緊張得說不出話，也可以看著領帶或頸部，這樣能讓對方以為正看著他的眼睛說話。

另一方面，對於動物而言，凝視對方是一種帶有恫嚇及挑釁的行為，有可能讓對方感到不舒服。所以，像是一起到餐廳用餐時，可以適度地在聊天中避開眼神的接觸，例如：一起看菜單或是欣賞店內的裝潢擺設等等，這樣彼此都比較不會感到緊張，聊天的氣氛也會更加融洽。不管怎麼說，一切都取決於視線的運用方式。**透過眼神接觸可以讓對方更加感受到「我面前的人確實在聽我說話」，也提升對方的滿足感以及好感度**。

貫徹再次眼神接觸！

08 姿勢會透露出內心的真實想法

當周圍全部都是不認識的人，而使你感覺侷促不安時，你也會不自覺地雙手抱胸或是翹腳嗎？

這些動作其實都是在向對方釋出「我對你抱持著警戒心」的訊息。人都有渴望獲得安心、安全的需求，自然也會保護自己遠離危險，所以就會對不認識的人或意見不合的人保持戒心，以免自己遭受攻擊。保持警戒的態度則會讓人不自覺地出現雙手抱胸或翹腳的行為。

在傾聽的5個基本中，第2點是「**友善的姿勢**」，也就是說話時不要雙手抱胸或翹腳，身體還要微微往前傾並且正對著對方（不只臉部，就連身體正面也要朝向對方）。

「俯身傾聽」是形容**人對於某件事物抱持強烈的興趣，因而將身體往前探的姿勢。所以就算什麼都沒說，只要做出俯身的動作就能向對方傳達「我對你說的話深感興趣」的態度。相反地，一旦對方說的是我們不想聽的內容時，我們的身體則會自然往後仰。**

在我擔任講師的諮商師養成講座中，有一位學生在聽課或聽別人講話時，都會不自覺地把身體微微往後仰，看起來就有一種想要跟對方保持距離的感覺。而他做這樣的舉動也會讓對方不想繼續與他對話。在談生意的時候也是一樣，假如對方把身體往後靠在椅背上，或是肩膀、上半身有點往後退的感覺時，那就是對方在釋出「我覺得沒興趣」的訊息，所以通常在這種情況下都會很難與對方達成共識。

此外，聽別人說話時會出現雙手抱胸、翹腳、低著頭、皺眉等等的習慣，也都會令對方感到不愉快。不曉得自己有沒有這些習慣的話，不妨拜託上司或朋友把你在聽別人說話時的樣子錄下來，或是直接去請教別人是否也覺得你有這些壞習慣。

日本知名的讀心師DAiGO表示，就算能靠著嘴上功夫編造謊言，他還是可以透過對方不經意地搔頭、目光游移等等的舉動，看透對方的真實想法。我們的表情、視線、舉動、聲調等等，都會向對方釋出無聲的訊息。所以，在聽對方說話時一定也要注意自己的身體姿勢。

假如希望對方可以卸下心防，對你說出他們的真心話，那麼最重要的就是你必須先採取積極傾聽的「友善姿勢」。

正對著對方，採取積極傾聽的姿勢！

09 點頭附和可以提升好感度

你也有「不曉得要繼續說什麼」、「對話熱絡不起來」的困擾嗎？

許多人都會心想「一定是因為我不會說話……」，以為是自己的說話方式不夠好才會有這些困擾，但其實真正的原因在於聽者的態度。在傾聽的5個基本中，第3點是「**一邊點頭**」。有些講師在正式開始前會說：「有些私藏的內容我平時不一定會在講座上分享，但是如果大家很認真聽，我就會愈講愈起勁，說不定也會通通分享給大家。希望各位接下來在聽我演講時，一定要點點頭，給我一些回應。」希望聽眾都可以積極地給予回應。

另外，在團體討論的環節中，討論氛圍冷淡的組別多有組員很少附和、不太點頭回應的特徵。看到大家都不點頭回應，發言者自然難以暢談。有些企業會舉辦線上說明會或線上面試，人事負責人的螢幕上一次會顯示多位求職者的畫面，這時就可以比較這幾位求職者，經常點頭回應的求職者更讓人感覺到積極性以及協作精神，更容易留下好的印象。

美國心理學家馬塔拉佐曾進行一項實驗，讓面試官在45分鐘面試中做出3種反應。

①面試官在前面的15分鐘以正常的速度點頭

②面試官在中間的15分鐘內加快點頭的速度

③面試官在最後的15分鐘恢復原本的點頭速度

結果發現在面試官做出反應②，也就是加快點頭速度時，面試者的發言時間會比面試官做出反應①時更久，而且當面試官做出反應③，也就是恢復原本的點頭速度時，面試者就會開始感到緊張，發言時間也會變短。實驗證明如果希望對方打開話匣子的話，利用「點頭效應」會是一個相當有效的方式。

全世界都會使用點頭表示「YES」，用左右搖頭表示「NO」。根據北海道大學與山形大學的共同研究發現，在對話時點頭跟搖頭會比完全沒有動作的情況增加約3成的好感以及4成的親和力。換句話說，**做出點頭的動作就能提升你在對方心中的好感度**。

同步（Pacing）能帶給人安心感。所以，**點頭時最重要的就是配合對方的語調，如果對方用愉悅輕快的語調說話，就要有節奏地快速點頭，同時配合上「嗯！嗯！嗯！」的回應；如果對方談論嚴肅話題時，就要慢慢地點頭，並給予「嗯~原來是這樣」的回應。**

傾聽他人說話時能讓對方覺得舒服的人，都會自然地運用「點頭效應」。

點頭的速度要配合對方說話的速度！

10 把笑容當成標準配備

走在路上打算隨意找一間沒吃過的餐廳用餐時，你會選擇什麼樣的店家呢？你是不是會選擇一間站在店外就能大概了解店內氣氛的店家呢？

同樣地，展現親和態度並以笑容告訴對方「隨時歡迎找我聊」的人也會讓別人比較願意跟他交談。

在傾聽的5個基本中，第4點是「**帶著笑容**」。不論是初次見面、打招呼問候，還是進行眼神接觸，只要面帶微笑就會向對方傳達出「我願對你敞開心扉」的訊號，這樣對方也會比較願意開口。

舉例來說，假如店家只有在客人上門時才把鐵捲門拉起來的話，其他客人就會以為這家店沒有營業，選擇到其他店家光顧。而「只有覺得好笑的時候才露出笑容的人」就跟「只有客人要光顧才把鐵捲門拉起來的店家」一樣，都容易讓人打退堂鼓。就算不覺得特別開心也一樣帶著笑容的人，才會讓人覺得比較好交談。

嘴角上揚且眼角擠出魚尾紋的笑容稱為「杜鄉的微笑」，只有嘴角上揚但眼尾並未擠出魚尾紋則稱為「非杜鄉的微笑」。根據某家企業的調查發現，商品銷售業績名列前茅的銷售員都是帶著「杜鄉的微笑」的人，而業績墊底的銷售員都是帶著生硬不自然的笑容。客人心情好的時候多半會願意掏錢購買商品，而銷售員臉上帶著真心的微笑就會讓客人覺得心情好，挑選商品時商品看起來更加順眼，銷售員的業績自然也會變好。

除此之外還有一點也很重要，那就是在對話中展現笑容的時機點適合與否，也就是笑容的「傳接球」時機點對不對。以前我在找人商量煩惱的時候，對方卻笑笑地點頭，我在當下覺得很難過，心想：「這個人怎麼不顧慮別人的心情。」會有這樣的反應就是因為對方帶著笑容回應的時機點並不適合。根據一項關於「你對於有好感的人通常有什麼樣的第一印象」的研究調查，發現第一名是愛笑、第二名是會主動問候、第三名是很有禮貌。由此可知，聽別人說話時面帶微笑的威力有多麼強大。

人在緊張或忙碌時，臉上的微笑本來就容易消失。不過，即使如此還不忘保持微笑的話，周圍的人也會比較喜歡找這樣的人說話。**不論是在工作上還是日常生活中，一定要把笑容當成是自己的基本配備，而不是只有在特殊時機才能露臉的豪華配備。**

要懂得笑容的傳接球！

11 聽對方把話講完

各位在與他人對話的過程中也曾發生「對方不聽我把話說完……」、「話說到一半就被對方打斷……」、「原本要說的話被對方搶先一步……」等等的不愉快嗎？

在傾聽的5個基本中，第5個是「**聽對方說完話**」，也就是不要打斷對方說話。「聽對方說完話」好像並不難，但為什麼會有這麼多人做不到呢？

A只要聽到其他同事告訴他工作上的失誤就會打斷對方說話，搶著說：「好啦，我都知道了啦！不用再跟我說了！」完全不給對方把話說完的機會。

這是因為A害怕「對方要責怪他在工作的失誤」，才會這樣保護自己不被對方攻擊。對方也許是單純地想通知A關於工作的失誤，但是話都還沒說完就被打斷，便會讓他們有種不受尊重的感覺，並覺得A很討厭。因為這樣，A在公司裡便成了一個不受歡迎的邊緣人。

A看似盛氣凌人，其實一直害怕自己受到責罵，覺得自己「態度一定要強硬才不會被人罵」。也就是說，愈是害怕別人、自我肯定感（重視自己的一種感受）愈低的人，就愈無法接受別人說的話。因此，若要讓自己學會聽完別人說話，就必須先提升自我肯定感。

B總是還沒等下屬把話說完，就不耐煩地打斷，說：「簡單來說就是這樣對吧？」這樣的說話方式雖然只是想要表達：「你不用說這麼多也沒關係，我聽得懂。就是這麼一回事，對吧？」但B的下屬就會覺得自己被上司批評是個「連工作都做不好的傢伙」，進而影響到對工作的態度。

B的思考速度很快，所以他可以早一步推測出對方要說的話，對方不快點說出結論就會讓他覺得很煩躁。人的思考速度會表現在說話的速度上，對方說話慢就會讓說話快的人感到煩躁。不過，**假如要讓對方有好表現的話，那麼最重要的就是配合對方的說話速度，耐心聽完對方說話，才能讓對方建立自我重要感**。比起對下屬施加壓力，逼他們發揮能力，上司要透過好的傾聽方式讓下屬提升表現力，才能真正減輕工作負擔，在公司內的評價也會更好。能把工作做得好的人其實都是懂得傾聽的人。

別打斷對方說話！

12 傾聽能力就像走路姿勢

「傾聽？不就是聽別人講話？這個我也會。」擁有這種想法的人其實最危險。我擔任過許多企業的研修講師，發現有些人都以為自己「聽得懂別人在說什麼」。

不在意健康的人就會對健康飲食及運動健身嗤之以鼻。同樣地，**對於傾聽愈是不以為意的人，其實才是最需要學會傾聽的人**。

我在二十幾歲的時候開始學諮商，那時某位人事主管曾對我說：「諮商？諮商不就只是聽聽別人說話嗎？」

相信各位讀者應該都已經看出來了，這位人事主管以不屑的態度去看待別人在努力學習的事情，像他這樣的人就不具備傾聽的能力。在聽到這位人事主管這麼說以後，我對他也保持敬而遠之的態度，不願與他交心。

現在的我擁有企業諮商師的身分，有許多機會與企業的人事主管來往。

企業的人事主管要負責招聘員工及培育人才，應該要具備良好的傾聽能力，才能了解新進員工的個性並且發掘他們的優點。

能幫助對方成長、達到自我實現的傾聽能力並非一朝一夕就能養成，抱持左耳進右耳出的態度根本不能稱為傾聽。

傾聽的能力好比走路的姿勢。我們平時都是用自己最習慣的姿勢在走路。

不過，難道年紀大的人走路的姿勢就愈好看嗎？

走路姿勢好不好看與年紀無關，模特兒等受過專業訓練的人走起路來肯定會比一般人更好看。同樣地，**真正學習過傾聽並接受過訓練的人才會擁有足以讓對方改變的傾聽能力**。

根據調查結果發現，案主認為值得信賴的諮商師既不是年資長也不是經驗豐富，而是會虛心接受反饋的諮商師。這樣的諮商師會真心傾聽案主的意見，不斷改善自己的傾聽方式，所以受到案主的信賴。

所以，**懂得經常反思「自己是不是真的聽懂別人想說的話」，也願意接受他人反饋的人才會讓自己有所成長，並以更好的傾聽能力去了解他人的心**。

要懂得反省與改善自己的傾聽能力！

13 把關心的箭頭指向對方

聽別人說話時，最重要的事情是什麼呢？

那就是**要意識到「對方最想說的是什麼」，也就是了解對方的「主訴」**。換句話說，**傾聽時要重視並體察對方的感受**。

若以事不關己的態度聽對方說話，就無法體察到對方的感受。

在我為了成為諮商師而接受傾聽訓練時，我意識到一件事，那就是「我以為自己就是在傾聽別人說話，但實際上我並未聽見對方要說的話，而且也沒有真正做到讓別人聽自己說話」。其他和我一起上課的諮商師或教練也有同樣的感觸。可見我們總是按照自己想看的方式來看待這世界，也按照自己想聽的方式來聆聽這世界。

舉個例子，不曉得各位有沒有這樣的對話經驗：

朋友：「我之前去京都旅行，人超級多。吃個飯也要排隊，排隊的時間又很長，真的好累。」

自己：「對啊，我去年去京都玩的時候也是這樣……」

這樣的對話模式是話題小偷最常出現的回應方式，也就是在對話過程中把對方說的事掉包成自己的事情。不去體察對方的心情，滿腦子都想著「我要找個時機回話」，就會讓自己容易陷入這樣的對話模式。這樣做的人當然也沒有惡意，只不過是希望透過回應讓對話更加熱絡而已。

不過，如果懂得把關心的箭頭朝向對方，那麼就會做出顧及對方心情的回應，例如：「對啊，我記得真的是這樣！就連吃個飯也要等很久呢」等等。

人最關心及在意的人就是自己，所以自然願意坦誠對待聽得懂也了解自己的人。因此，在聽別人說話時一定要意識到「對方最想說的是什麼」。

「焦點化原則」是大腦處理資訊的原則之一，也就是大腦會主動蒐集自己有意識的資訊。打算買一台新車，也選好了想要的車款，結果走在路上就一直看到想買的那一款車，這就是大腦的焦點化原則。相反地，我們在聽別人說話時如果什麼都不想，就會錯過對方話中的主訴。因此，傾聽時最重要的就是先對自己的大腦提問：「你覺得對方最想說的是什麼？」這樣一來，我們的大腦才會主動地去找出對方話中的「主訴」。

要帶著「對方最想說的是什麼？」的意識去傾聽！

14 成為一個陪跑員

伴隨對方的心情是傾聽他人說話的基本態度。而不是自己走在前面引導對方，像是在跟對方說：「來吧，跟著我走。」

伴隨是跟在對方的身後，遇到危險或阻礙等特殊情況再出聲提醒對方：「再繼續跑下去就沒路了，你決定怎麼做？」默默地陪著對方前進。

有一次，我跟一個朋友在一間服飾店挑衣服。

「這件很好看吧？我們店還有其他不同的款式，妳們來這裡看！」

店員跟我們說話的語氣不但很隨便，也沒問過我們的意見就叫我們跟著他走過去看衣服。我跟朋友對看了一眼之後，就決定離開那一間店。

假如那位店員知道要以陪跑員的心態說：

「請問二位喜歡這件衣服嗎？本店還有其他設計款式，如果二位也喜歡的話，要不要參考看看呢？（有禮貌地指向衣服所在的位置）」

那麼他就會把是否參考別件衣服的決定權到客人的手上。

人都討厭被別人命令、被人強迫。

在從前身分階級嚴明的時代裡，有權有勢的上位者若要下位者切腹自盡，沒有決定權的下位者即使不願意也不得服從。因此，人的**潛在意識就會覺得「沒有決定權＝有性命危險」**，才會討厭被人命令、強迫。

正因為如此，傾聽別人說話時，就要想像自己好像站在對方身後一樣。

舉例來說，當對方在猶豫選擇A還是B時，我們要做的不是給對方「那就選擇A」的建議，而是提出「聽你這樣說，A是高風險高報酬，B雖然比較安全，但是就沒有那種爆發力，我這樣說對不對？那麼現在你個人比較想要選擇A還是B呢？」等等的風險分析，最後還是把決定權交給對方。

沒有人可以代替別人過他的人生，所以在傾聽他人說話時切記不能搶走對方的決定權。換句話說，對話的最後不是幫對方做出結論，而是要讓對方自行決定，這樣才不會讓對方產生被強迫的感覺。

別搶走對方的決定權！

15 別讓自己「面無表情」

跟別人的對話總是容易中斷的人通常都會在對方說話時變得「面無表情」。也許是對聽到的內容不感興趣，也許是在思考自己接下來要說什麼，所以心思就不在對方說的事情上。也就是說，關心的箭頭並未指向對方。

電視節目上的主持人大多都具備優秀的傾聽技巧，才能巧妙地引導來賓談起許多軼聞趣事。

比起提問，主持人在來賓發言以後是否做出適合的回應，其實才是決定來賓要不要分享軼聞趣事的關鍵。

若想要在對話中做出適合的回應，那就必須專注留意對方的一舉一動。這樣做也會讓對方感受到你專注地聽他說話，說話的興致就會愈高昂，營造出愉快的對話氣氛。

能夠經常受到電視節目邀請的藝人，肯定都是能夠對其他人的發言做出好反應的人。

關根勤是一名資深的搞笑藝人，他在聽其他年輕諧星搞笑或分享有趣的話題時還是會一邊拍手一邊哈哈大笑，做出最好的反應。跟他一起上節目的諧星千原二世說：「關根前輩會稱讚我的表演，我在搞笑時也很捧場，能夠跟他一起上節目真是太開心了。」

據說有個諧星剛出道不久就產生非常強烈的抗拒心態，覺得「自己絕對不可以給別的搞笑藝人捧場」。在他抱持這種心態的那段期間，都沒有人要找他上節目，不過自從他改變想法，覺得別人的搞笑內容好笑就真心地大笑以後，便開始有節目邀請他。

多人的對話就像進行團體遊戲一樣，有些人只要焦點不在自己，就會擺出一副漫不經心的樣子不去聽別人在說什麼，也沒有任何反應，導致對話難以熱絡。打排球也一樣，要是沒有接發球員以及舉球員的配合，攻擊手就沒辦法扣球得分，最終能否勝利一切都取決於團隊的配合。而對話亦然，要是有人表現出不感興趣的態度一副心不在焉，其他人也會介意那個人是不是覺得無聊，而無法開心聊天。

相反地，不管在什麼樣的情況下都能關心對方所說的每一句話，這樣就不會出現面無表情的狀況。臉上出現什麼表情都是由你的心決定的。

不要面無表情！

16 別一直搶鋒頭

人人都有渴望受到認同的需求，也就是希望自己得到某人的認可或讚美。不過，有些人也因為太過渴望受到他人的認同，而讓自己變成一個不懂得傾聽的人。

A在參加講座時，只要主講人開放提問，他就會故意問一些讓自己顯得很厲害的問題。如果是針對講座內容的提問倒是不要緊，因為其他人或許也想知道，但如果提問的問題跟講座內容不相關的話，就會讓大家覺得很不耐煩。

就連在社群平台的留言也是一樣，A給別人的留言從來都不是關於貼文的感想、稱讚或是提問，而是長篇大論地寫下自己的相關經驗等等。透過這些行徑都能看出A過於渴望受到認同。

然而A完全搞錯重點，他以為只要主張自己的意見就會受到大家的關注，以為只要表現出自信滿滿的樣子，對方就會尊敬自己。

B說話速度就像機關槍一樣快，而且在問別人問題時，總是習慣使用帶有攻擊性的語氣，所以身旁的人很不喜歡她，沒有人願意主動親近。

不過她還是不停地講，希望更多人認可自己。而且自述害怕聽別人說話，是因為別人有可能否定她。

但是坦白說，只要別再一直說個不停，改以傾聽方式，反而比較容易讓別人接受她。

美國作家安布羅斯・比爾斯說：「**最無趣的人就是在你希望他聽你說話時，卻自顧自說話的人。**」

不管是誰都最關心及在意自己，如果對方一直自顧自地展現自我，我們就會覺得這樣的人很不討喜。

小時候只要說：「你看我！」、「你聽我說！」自然周圍的人就會注意自己。但是，長大以後如果還是不管不顧地用這樣的方式來滿足自己渴望受到認同的需求，就會把自己變成一個不懂得聽別人說話的人，也讓自己變成一個討厭鬼。

與其想方設法讓自己得到認同，不如找出並認同（稱讚、認可、給予肯定）對方的優點以及付出的努力等等，這樣才更有機會讓自己得到對方的信任及認同。**要把對話的焦點放在對方身上，而不是自己**。

別一直顧著展現自己！

第 2 章

工作、人際關係篇

17 待人態度會影響工作環境的氣氛

A曾在銀行上班，有一次打電話到總公司詢問，對方卻在電話中不耐煩地「嘖」了一聲，用著一副「這種事情你不會自己去查」的態度回答問題。有事致電總公司卻遭到這樣的對待，據說後來就算有問題也不願意再去詢問總公司。

後來，A換了另一份工作，同樣打電話到總公司詢問，而這一次的聯絡窗口非常有禮貌地回答問題，最後還開口詢問：「請問您還有其他困擾需要幫忙的嗎？」據說A聽了之後非常感動，這一次的經驗也提升了A的「愛社精神」，對公司更加忠心。

就算對方是公司內部的人也一樣，我們在聽對方說話時也要像對待客人一樣親切有禮貌。心理學認為，心情保持愉快的人才能親切地對待他人、表現得更好。也就是說，只要讓員工保持愉快的心情，他們就能親切地對待客戶，在工作上有更好的表現。

相反地，聽其他同事說話時如果表現出不耐煩的冷淡態度，**讓對方因此感到不悅的話，說不定就會妨礙對方的表現，進而影響到客戶滿意度，就跟在公司裡故意妨礙業務進行的行為沒兩樣**。

對公司的貢獻不只是眼睛可見的實質成果，親切對待同事也是相當重要的貢獻。

不論是以自我為中心的冷淡態度，還是體貼他人的溫暖態度，都會影響到整間公司的氣氛。

公司的前輩總是用不討喜的態度與他人應對，後輩自然也會有樣學樣；公司的前輩若親切溫柔地對待別人，後輩便會習慣這樣對待他人。

一間超商的店員若是習慣隨便對待客人，不論換了多少員工，員工接待客人的方式依然不會有所改變；但如果超商原本就有一位應對得宜的店員，就算新員工剛開始還不太懂得怎麼接待客人，在耳濡目染之下也會漸漸學會接待客人的方式。因為人都會自然地透過觀察來學習。

傾聽態度會影響職場的氣氛，也會影響企業的形象。

職場的氣氛會影響到員工的離職率。離職率增加，公司形象就會變差，可謂牽一髮而動全身。

看似無足輕重的傾聽態度，實則牽連到公司的存亡。

與公司內部的人應對時也要注意態度！

18 應答要顧慮對方感受

業績好的業務員都具備優秀的傾聽能力。

有一次，我跟幾位頂尖業務員一同開會討論事宜。只要我一開口說話，他們就會專心看著我，神情非常認真，也會一邊點頭或適時地附和，深有同感地聆聽我在說什麼。

不只如此，他們還會透過我的表情或音調，察覺我未說出口的想法，主動開口問我：「這樣的流程您是不是不太方便？還是我們替您去請向主辦說一聲，請他們稍微調整一下流程，您覺得如何呢？」**一流的人不只聽得懂對方所說的話，更能體察對方的心情。**

那時我帶了許多東西，當我準備從開會地點移動到活動場地時，他們也主動開口說要幫我把東西拿過去。

我心想：「他們這麼體貼，難怪可以招攬到這麼多的客戶。」不管是言語還是行動，若沒有把關心的箭頭指向「對方現在怎麼想？想要怎麼做？」就不可能做到如此程度。

公司前輩若具備優秀的傾聽能力，新來的員工在這些前輩的帶領之下自然也會習得優秀的傾聽能力。**公司裡有值得當作典範的傾聽人才，就是對新進員工最棒的培養。**

我以前也有類似的經驗。有一份文件需要交給會計負責人，於是我問對方：「請問方便將文件送過去給您嗎？」結果對方回答：「你寄過來就好，親自送過來太浪費時間了。」雖然我知道那時已經是年底，大家都比較忙碌，但是聽起來好像是在對我說：「我沒有時間可以分給你。你不值得我撥時間。」

同樣一件事如果可以改成「這樣太麻煩您了，請您寄過來就好」的方式表達，就不會讓人聽了覺得刺耳。

愈是忙碌，回應就愈需要顧慮到對方的感受。

別人有事相求的時候也是一樣，別說「我現在沒空，等等再說」，改用「不好意思，我現在事情有點多，可以等等在回答您嗎？」的方式說話，對方聽了也會比較舒服。

訓練自己透過傾聽體察對方的感受，就不會說出讓對方不悅的應答。因為，應答與傾聽是密不可分的存在。

換句話說，鍛鍊自己的傾聽能力同時也是在鍛鍊自己的說話技巧以及體貼的心。

愈忙碌的時候就愈應該顧及對方！

19 說得太多未必是好事

《日本王牌經理人教你如何把豬隊友帶成神助手》的作者吉田幸弘有一次到藥局領藥，他對藥師說：「我現在身體很不舒服，可能沒辦法聽完完整的說明，麻煩您簡單說明就好。」結果對方回答他：「我還是要向您完整地說明。」

而他在另一間藥局也說了同樣的話，對方則是直截了當地回答：「好的，我就簡單地說明。」兩者的應對相比起來，吉田先生覺得當然是後者的應對讓人更有好感。

當藥師認為一定要照規定向領藥人完整說明才是正確的做法時，就有可能造成對方的不快，因為他這樣做並未考慮到對方的感受。

我以前也接過推銷電話，我向對方說：「我已經跟其他家訂了，不用了。」對方還是說：「可是我還沒全部說完耶……」

當顧客本來就沒有聆聽的意願時，就算強迫對方聽完你的長篇大論，依舊不可能打動對方的心，也不可能成功賣出商品。已故法國外交官法蘭索瓦·德·卡里埃說：「談判要成功的話，側耳傾聽遠比動口來得更加重要。」

吉田先生也有類似的經驗，有時他覺得自己明明已經向客戶說明得非常詳盡，卻經常發生聯絡不上客戶，或是客戶決定找其他家公司合作的情況。

相反地，只要他覺得自己好像沒有跟客戶說到什麼話時，反而就比較容易接到合作。

這是因為**比起跟只熟悉商品的人買東西，顧客更希望的是跟懂自己的人做生意**。

把更多的心力放在傾聽顧客的心聲，而不是一味地開口說明商品及服務，才能更了解顧客的需求是什麼，並且提出能讓顧客欣然接受的意見。經營學之父彼得・杜拉克也說：「顧客要買的不是特定的商品，而是特定的需求。」

一定要讓客戶覺得商品及服務可以消除他們的不安、不便、不滿等等，才有辦法把賣出商品及服務。所以，最有效的方式就是傾聽顧客的煩惱。

舉例來說，如果要推銷健身課程的話，面對年輕顧客就要主打「讓身材更好」、「能夠瘦身減重」；面對長輩則強調「有益健康」、「提升體能」等等，對方才會被吸引。

推銷的內容如果沒有根據顧客的需求做出調整，就無法打動顧客的心。面對顧客時別只是一味地介紹及推銷，一定要傾聽對方的聲音，才能發現對方真正的需求。

側耳傾聽比動口更重要！

20 說話就像乘法，一句錯便句句錯

傾聽顧客的心聲並顧及顧客的利益是一件相當重要的事。

《醫院預約掛號》

櫃台人員：「請問您下一次想預約什麼時候？」

患者：「請幫我掛7號的診。」

櫃台人員：「7號可能不太方便，請問掛8號的診可以嗎？」

患者：「7號那天已經預約滿了嗎？」

櫃台人員：「幫您安排8號的話，我們這邊會比較方便……」

患者：「……我是7號那天比較方便，請幫我掛7號的診。」

這段對話不恰當的部分就在於櫃台人員說出「幫您安排8號的話，我們這邊會比較方便」，並不是以患者的方便為優先考量，而是只考慮到院方的方便與否。

患者聽了也許會覺得：「你們只考慮自己方不方便，我的感受就不重要了，是嗎？」

那如果掛號人員改成以下的應對方式，結果會是如何呢？

「預約7號那天的人比較多，這樣也許您候診的時間會比較久，而8號那一天的人比較少，您只要稍微等候片刻即可，請問您希望預約哪一天呢？」

這樣的應對就會讓患者覺得原來櫃台人員還考慮到候診時間的長短，才會提出這樣的建議，所以說不定就會同意把預約的時間安排在8號。即使最後還是沒辦法安排在7號，但患者聽了會覺得院方重視每一位患者的感受，便不會心生怨言。

人不特別注意的話，想法就以自我為中心。一定要時常把關心的箭頭朝向對方，不然就會只考慮自己的利益，容易說出以自我為中心的話語或是提議。

然而，能讓顧客產生好感且願意做出貢獻的人，必須是能夠先滿足顧客的自我重要感（認為自己的存在是重要且有價值的一種感受）的人。因此，若要提升顧客滿意度的話，最重要的就是讓顧客感受到備受重視，提出以他們的利益為優先考量的建議。

說話就像乘法一樣，**就算過程中說了再多的好話，只要最後說出口的話是以你為中心的結論或建議（對顧客而言是負分的事情），那麼顧客對你的印象也會從正面變成了負面**。

讓顧客感受到你為他考量的心意！

21 打消對方不滿的應對方式

你覺得顧客都是在什麼樣的情況下出現不滿呢？

我認為應該是顧客覺得自己「不受重視，被人忽視」的時候。

《在飯店的自助餐廳用餐》

顧客：「你們給我安排的座位怎麼離取餐區那麼遠！我要換近一點的位置！」

飯店的負責人員：「（慌慌張張地趕來）造成您的不愉快，實在非常抱歉。我們的取餐區在入口處附近，那邊的座位區也會有比較多人經過取餐，您在用餐時可能會覺得被打擾，我們的服務人員希望讓您有一段美好愜意的早餐時光，所以才給您安排這邊的位置。若您不介意的話，我們現在馬上為您重新安排座位。」

顧客：「原來是這樣啊。不用換了，一樣坐這裡就好。」

飯店的負責人員：「非常謝謝您的諒解。」

一開始，顧客是因為「覺得自己被安排的座位比別人差，不被重視」，才感到不滿。不過，後來顧客在飯店負責人員的解釋下，得知他們是以顧客的用餐感受為考量，才會安排比較不容易被打擾的座位以後，這位顧客也就冷靜下來了。

就像我在前面說過的，能讓顧客滿足自我重要感的人就能讓顧客產生好感並願意做出貢獻，所以只要顧客感受到自己是受對方重視的對象，就會願意採取對方所希望的行動。

處理顧客投訴的首要之務就是安撫顧客的怒氣，也就是聽顧客訴說他們的不滿之處。這時，**切勿使用「所以」、「但是」、「不過」、「所以我剛才說……」之類的語詞**。應對客人的不滿時，使用「所以就像我剛才說的……」就會給人一種不耐煩感，好像在對顧客說「這種事情別一直讓我重複說」，而「是，不過是您之前說不需要……」則會讓對方覺得你存心跟他唱反調。

應該先以「不好意思」、「造成您的不便，真的非常抱歉」向顧客表示歉意，這些話可以讓顧客明白你確實感受到他們的不滿，也能傳達出你重視顧客的態度。有些行業會以非常謙虛的態度對待顧客，他們不把顧客的抱怨、不滿稱為「顧客投訴」，而是稱為「顧客的指教」，也不會以消極、抗拒的態度去看待顧客的投訴，而是將每一次的客訴都當成自我改進的機會。

要滿足顧客的自我重要感！

22 不恰當的重點摘要會惹人厭

據說某間管理諮詢公司都會指導他們的員工掌握重點摘要的能力，因為重點摘要有以下3個優點。

①可理解對話中的重點

②可根據重點做出清楚明瞭的回應

③掌握重點即掌握本質，便可提出不同的建議

一般來說，「重點摘要」即是「簡單扼要地表達主旨與重點」。從對方的發言中找出對方的主訴、重點是一項非常重要的能力。不過，如果重點摘要做得不好的話，有時不但不能為自己加分，反而還會讓自己惹人厭。

《錯誤的重點摘要範例》

下屬：「最近一直加班，睡都睡不飽，不曉得是不是因為這樣才頭痛……今天早上還覺得想吐……」

上司：「簡單來說，你想要請假，對吧？」

像這樣直指重點，看起來的確是個觀察力強且能力優秀的上司。不過，雖然針對下屬想要請假的事實做出總結，卻未顧及到對方不好意思說出「想要請假」的心情。除此之外，使用「簡單來說」也會讓下屬覺得上司好像在責怪他不直接說出結論。假如下屬本來就覺得請假會造成別人的困擾，聽到這樣的話就會更加覺得上司是在責怪他們請假。所以，就算心裡真的想著「簡單來說就是」，最好也別直接這樣跟對方說。

《正確的重點摘要範例》

下屬：「最近一直加班，睡都睡不飽，不曉得是不是因為這樣才頭痛……今天早上還覺得想吐……」

上司：「身體還好嗎？今天要不要請假？別太逞強吧！好好休息，保重身體。」

這樣的說法是不是比較能讓下屬放心請假呢？一直在加班就代表公司最近的業務繁忙，想必其他的同事也都很忙碌，所以這時提出請假肯定需要一些勇氣。所以，能以溫柔的回應讓他們放心請假休息的上司，才會讓他們覺得是真正厲害的好上司。**總結對方的話不僅要抓出話中的重點，還要加上關懷對方的體貼**。

可以簡扼地說出重點，但不能省略體貼的心！

23 冗長或簡短的重點摘要都不恰當

重點摘要做得好的話，就能把冗長複雜的發言整理出簡潔有力的重點。不過，在給對方的發言做重點摘要時，也必須注意摘要的長度。

《重點摘要的範例》

母親：「我家的孩子讓我有點不曉得該怎麼辦。回到家裡都不愛跟人說話，什麼事情都不肯跟我說……最近，他的導師跟我說他經常遲到跟缺席，我一直以為他都正常地去學校上課……就算跟他爸爸說，他爸爸也不跟我一起討論，只會說：『我工作很忙，你自己想辦法解決。』我到底該怎麼做才能讓孩子願意跟我說話呢……」

朋友：「最近您的孩子經常遲到、缺席，您的先生也不與您一起討論，所以您很煩惱該怎麼做才能讓孩子跟您聊聊，對吧？」

在給對方的發言做重點摘要時，最重要的就是要像這樣去察覺「對方最想表達的是什麼」的主訴。

冗長的重點摘要會讓對方覺得你「很囉嗦」、「只是在虛意應付」，這樣的重點摘要就顯得很多餘。相反地，「簡單來說，最主要的問題就是孩子經常遲到、缺席，對吧？」的摘要則是**過於簡短，明顯重點不足，好像在跟對方說：「好啦，好啦，你不用說這麼多，我也聽得懂。」會讓對方覺得你很沒禮貌**。像這樣過於簡短的摘要同樣也不恰當。

最適合的**重點摘要長度大約是對方發言長度的一半**。

別人若能對自己所說的話產生共鳴、理解，我們就會願意說出自己的真心話，內心的情感也會得到淨化。只要情感得到淨化，改善心情，人就會恢復精神，自然就會產生以解決問題為取向的想法。

「簡單來說，你想說的就是這麼一回事，對吧」的摘要並不是以對方的感受為優先考量，只不過是種沾沾自喜的應對，根本沒辦法為對方分憂解勞。

在做重點摘要時，一定要思考如何表達才不會讓對方聽了更不開心。

重點摘要不是在自我滿足，要以對方的感受為優先！

24 用重點摘要做出結論

重點摘要的第2個優點是「**可根據重點做出清楚明瞭的回應**」。重點摘要也就是找出最重要的部分並且給予總結，就算對方說得再長、再多，也能明白對方最想表達的事情，也就是對方的主訴。

顧客：「我們公司的員工大多都是擅長技術方面，不曉得是不是有些身為技術人員的自負，只要是跟設計、製造有關的工作，就算要他們加班也沒關係，而且大部分的人都能夠專注地完成這些工作，但是他們在溝通表達方面就有些……我們公司對於產品很有自信，卻找不到一個有辦法推廣產品的人……」

人力公司的業務：「貴公司對於技術人員傾注心力的產品相當有信心，而且希望可以找到有辦法將這些產品推廣出去的業務人員，對吧？」

顧客：「沒錯！我們要怎麼做才能找到這樣的人才呢？」像這樣用自己的話說出對方想表達的重點，就會讓對方覺得：「我想說的就是這個！你真是太懂我了！」便能一口氣拉近彼此的距離，有助於工作的進行。**也就是說，重點摘要的厲害之處就是藉由找出重點進**

而得到結論。不論是在向顧客提案還是跟上司報告，**如果你可以說出對方這一段話的結論，對方就會更容易接受你接下來要說的內容，也會更聽得懂你要表達什麼**。

這位人力公司的業務其實要表達的是「今日前來是為了提出可以讓貴公司提升業績的徵才建議。假如貴公司有一位得力的業務員能夠將貴公司引以為傲的商品推廣出去，不但可以分攤其他員工的負擔，還有望吸引更多顧客購買貴公司的商品」。

訓練自己把對方所說的內容進行重點摘要，還能借力使力培養出清楚明瞭地表達出結論的能力。

舉例來說，到一間從未拜訪過的公司時，接待人員使用「請隨我到會客室」的說法肯定會比「請跟我走」的說法更讓人安心。先知道目的地就會讓被帶路的人覺得安心一些。我有一位朋友剛出社會工作的時候，在跟主管報告時也是經常長篇大論，後來被上司糾正，要他先說結論以後，他便開始訓練自己將「就結論來說……」當成每一次報告的開場白。據說後來甚至連上司都直呼：「一直說結論、結論，聽了就煩！」只要掌握了重點摘要的能力，也就懂得使用以結論開頭且清楚明瞭的表達方式。

重點摘要也能讓你學會以結論開頭的表達能力！

25 只要掌握住本質，自然不怕應對

重點摘要的第3個優點是「**掌握重點即掌握本質，便可提出不同的建議**」。

做重點摘要是在理解對方最想說的事，也就是理解對方的主訴，其實就是在掌握這一段話的本質。掌握本質以後，應對的方式就會更加靈活。

《以咖啡店為例》

客人：「請問空調的溫度可以調高一點嗎？」

店員：「不好意思，這棟大樓的空調為中央空調，所以沒辦法幫您調整溫度。」

實際上，這位顧客並不是真的想要調高空調的溫度，這句話的本質其實是希望「不想要那麼冷」。所以，如果店員能夠理解的話，想必就能做出不同的回應。例如：

客人：「請問空調的溫度可以調高一點嗎？」

店員：「請問您覺得太冷了嗎？這棟大樓的空調為中央空調，沒辦法調整溫度，那麼我幫您拿一件毯子過來好嗎？」

假如沒有毛毯的話，也可以提出「那麼，我幫先您把咖啡稍微加熱一下再出餐，這樣您喝起來也會覺得比較溫暖一些」等等的提議。當客人聽到店員試著提出不同的提議來回應他們的要求時，對於店家提供服務也會感到更滿意。

進行買賣時也經常可以應用同樣的概念。

客人：「請問有鑿子嗎？」

店員：「請問您要用來做什麼？」

客人：「我想在牆壁上鑽洞。」

店員：「要在牆上鑽洞的話，電鑽會比鑿子更適合。」

對於客人的提問，店員當然也可以直接回答：「我來為您帶路。」不過這樣的應對就不夠靈活，假如店裡恰好沒有鑿子的話，那麼就會失去這一次的買賣機會。但如果店員了解客人在本質上的需求是「想在牆上鑽洞」的話，就能提出其他不同的建議。

同樣地，聽對方說話時**若能夠掌握對方的主訴，也就是對方說的這段話的本質，也能提出更多不同的建議**。要學會掌握本質的話，平時就要訓練自己去理解對方的主訴以及歸納對方所說的重點。最重要是去了解這些話背後真正的意思，別只是解讀字面上的意思。

要了解每一句話的本質（真正的意思）！

26 表達自己的關心

「聽我不感興趣的人說話，真的好難啊……」

「大概是因為我對他不感興趣吧，所以我就是沒辦法把心思放在對方身上……」

有這些想法的人都只注重眼前的利益，只要對方不能帶給自己任何的幫助或好處，就會覺得與其花時間聽對方說話，倒不如找本書來看還比較有用。

這樣做當然也不是不行，但如果天上的神明告訴你「這個人是你10年後的結婚對象」或「這個人在5年後會為你帶來一個非常好的機會」，那麼你會怎麼做呢？就算之前一直不感興趣，也會突然在意起對方的一言一行，對吧？

A是一位頂尖的業務員，每天都要拜訪許多人。每一次見面之前，他都會告訴自己：**「說不定我接下來要見面的這個人會改變我的命運。」**所以，不論要跟什麼樣的對象見面，他都會以關懷備至的態度傾聽對方說話並詢問對方問題，所以更容易讓對方產生好感。

他說，他在當下不去想對方會不會跟他購買產品，也不去想對方最後會不會成為他的客戶。

而且，假如對方需要的不是他，他就會為對方介紹他需要的業務員，而這個舉動會讓對方感非常開心。他總是古道熱腸地為別人設想，自然得到許多人的信任，即使對方一開始並未打算向他購買產品，後來有需要時也會在第一時間想到他。就是因為這樣，他才會成為一位頂尖的業務員。

然而業績差的業務員則是相反，一旦發現對方並無意願向他們購買產品時，他們就會瞬間不感興趣，表現出「我說再多也沒用」的冷淡態度。

只有對方要成為自己的客戶才表現出關心的態度，不是的話就露出冷淡的態度，這就是以自身的利害得失衡量對方的價值。覺得有利可圖才來接近自己，就代表一旦自己身上無利可圖，對方就會疏離自己。**人都會將這種以利害得失來決定是否接近自己的人視為危險人物**，根本不會相信這樣的人。我在另一本著作《人見人愛的100好感處世習慣》中也說過，經營人際關係太注重ＣＰ值的話，結果通常都是弊大於利。

所以，**不論對方對自己有沒有好處都會關心對方，這樣的人不管在經營人際關係還是洽談公事都會更容易成功**。

帶著「這個人也許會改變我的命運」的想法傾聽對方說話！

27 不要炫耀對方未擁有的事物

有些個性耿直的人在跟別人說話時，都會不小心踩到對方的地雷。舉例來說，有的人會跟別人說：「你不生小孩嗎？想要幾歲結婚都無所謂，但是年紀太大，想生孩子就難囉。」說出這些話的人也許是因為自己已經有了孩子，過著美滿的生活，才會想要勸對方趁早生子，但是這句話聽在單身人士的耳裡，就會讓他們覺得：「我都還沒有結婚對象，你就跟我說生孩子的事？你不曉得單親媽媽養育小孩有多麼辛苦，才這樣大言不慚的吧？」

除此之外，有的人還會跟未婚的人說：「你不結婚嗎？也沒有對象嗎？唉～（嘆了一口氣）」但是，單身或不結婚又不犯法，何必說這些話來造成別人的壓力呢？

假設立場對調，辭職或請假在家帶小孩的家庭主婦如果聽到別人說：「妳什麼時候要回去工作？一直待在家裡不出去工作會跟社會脫節喔。」肯定也會覺得很難受。

在我得到癌症以後，有一次跟朋友聊起：「雌激素的影響會讓腫瘤愈來愈大，所以攝取太多乳製品可能也不好。」結果她卻說：「好險我平常就不太會喝咖啡歐蕾之類的乳製品。」

我相信她一定也沒有惡意，只是耿直地表達出「還好自己平時的生活習慣不會增加罹癌風險」。但是聽在癌症患者的耳中，就會覺得說出這些話的人真的很不懂得顧慮別人的心情。**先了解對方的情況再斟酌如何開口或是回話**是一件相當重要的事。

例來說，日文「おひとり様」的意思為「一個人」，可以指「無同行者的一位客人」，也可以指「單身未婚、獨居者」等等。在日本，如果是在出遊等輕鬆愉快的情況下，聽到別人使用這個詞可能會覺得無所謂，但是若非如此，就會有許多單身未婚者介意。

同樣的道理，假如對方已經為了自己未外出工作感到難過時，那就別再跟對方聊到關於工作的事情。**當對方為了某事在煩惱及憂慮，而自己則過得順心如意時，避免在對話中跟對方提起自己的情況才是善解人意的做法**。

對話的內容一定要是對方願意聊的話題。面對單身或未婚且工作積極的人就可以跟對方聊一聊「最近工作是不是很忙碌」等工作話題；而面對在家帶小孩的人則可以聊「你們家孩子已經長這麼大了呀」等育兒話題，最重要的就是**選擇對方有興趣、在意的話題**。

若找不到適合的話題也無妨，至少別跟對方談起他們現在未擁有的事物。

要選擇適合對方目前狀況的話題！

28 好的傾聽可以改善人際關係

有許多參加過我的諮商師培訓講座的學員已經可以獨當一面，從事諮商相關的工作。

A是其中一名已結訓的學員，現在也會舉辦個人色彩分析或彩妝的講座。她的為人行事以及待人接物的態度都讓她擁有源源不絕的客戶。

如此事業有成的她也表示：「假如我當初沒有學會傾聽的話，我可能不曉得要怎麼與客戶應對，也沒辦法成為一個獨當一面的人。」

這是因為她了解學習傾聽可以讓自己跳脫「我必須想點話題跟對方聊」、「我必須想出一些建議給對方」的思維，才能打開人與人之間的交流。

她說，只要她帶著「願聞其詳」的態度去聽對方說話，對方就會慢慢地說出各種煩惱，例如：「最近都不曉得自己穿什麼衣服比較適合……」等等。

她透過傾聽了解客戶的喜好與生活型態，對客戶有更深入的了解以後，便能給予最適合的建言或是回應，所以客戶日後再遇到問題時都會回頭找她幫忙，也會一直把她介紹給自己的親朋好友。因為這樣，她不需要花太多宣傳費來為自己打廣告，就有客人不斷地上門。她知道傾聽就是讓對方訴說，讓對方訴說則能有助提升顧客的滿足感。**有一種增加自身吸引力的技巧並不需要任何輔助工具，而且在任何場合都能做到，那就是帶著尊重對方及對方價值觀的態度去傾聽對方說話**。

A在學會傾聽別人之前也是個不擅長溝通交流的人。

自從她學會傾聽以後，不只改善了人際關係，不再害怕與人相處，也讓她更喜歡與別人交談，過得比以前更加順遂。

現在就算參加媽媽們的聚會，她也不像以前那樣緊張。現在的她不會再勉強自己一定要想話題跟對方聊，而是在聆聽對方說話的過程中，自然地找出對方最在意、關心的事情。自從她做出這樣的改變以後，其他媽媽們也愈來愈常主動開口約她下次見面。

心理學大師阿德勒也說：「所有煩惱都是人際關係的煩惱。」而**能夠讓人際關係明顯改善的祕訣，其實就在於傾聽**。許多人都對「傾聽」不以為意，以為它並不重要，然而它確實蘊含了這份強大的力量。

透過傾聽提升自身的吸引力！

29 對方講出「喂，你有沒有聽我在說話？」就等於出局

假如對方跟你說：「喂，你到底有沒有在聽我說話？」那就代表你的傾聽是失敗的。

A不論是吃飯還是跟別人講話，都習慣一直盯著手機看。當他的女朋友對他說：「喂，你到底有沒有在聽我說話？」他就會回答：「我在聽，我回這封信就好了。」也許他確實聽到女朋友說了什麼話，但他的女朋友完全沒有「這個人認真在聽我說話」的感受。**只聽到對方說的話，並未聽出話中的情緒與情感，這樣的傾聽只能給0分**。交談過程中若是沒有眼神交流，也會讓對方產生「這個人並不重視我，真是難過」的感受。

即使是日常的對話也是一樣，例如：

丈夫：「妳明天可以幫我拿存摺本去銀行補登錄嗎？」

妻子：「可以啊。」

丈夫：「那妳中午之前去吧。」

妻子：「我要等工作忙完才能去，不確定能不能中午之前。還是你要自己去呢？」

丈夫：「我覺得早一點去比較好啦。」

妻子：「你有沒有聽到我在說什麼啊？」

像這樣自顧自地說話，對方就會覺得「你根本就沒聽我說話」。**比起只聽到「說了哪些話」，對方更希望你聽懂「那些話背後的涵義」。對方希望肯定是你能夠看著「我」，才能看到「我的內心」想要表達什麼。**

因此在傾聽別人說話時，一定要全心注視著對方，並以認真專注的態度去了解對方所說的內容。有人說諮商是一種體力勞動，就是因為全心全意傾聽對方真正想表達的內容是一件非常消耗體力的事情。

就算傾聽的過程中不小心閃神，惹對方抱怨：「喂，你到底有沒有在聽我說話？」懂得體察對方的人也會以適當的回應來補救疏失。「抱歉，我突然收到工作上的信。可以再說一次嗎？」像這樣真誠地向對方道歉，承認自己確實讓對方有「未被認真對待」的感覺，展現出想傾聽對方說話的誠意。而對方感覺受到了重視，心情就會變好。

舊約聖經說：「智者傾聽，愚者聒噪。」以認真的態度傾聽對方說話不僅能讓對方感到滿意，也能讓自己迅速掌握重點，不浪費任何時間。

要讓對方確實感受到「對方真的在聽我說話」！

30「反應好」不等於「懂得傾聽」

我有一位朋友在日本關西地區從事教練式領導的指導，據說她第一次參加教練式領導的培訓講座時聽到講師說「傾聽在教練式領導當中占了全部的比例」以後，她心想：「什麼！那我一定辦不到！我這個人這麼自戀，又這麼喜歡說話，怎麼可能辦得到！」

說起關西人的對話風格，最注重的就是反應力。要是對方用手刀砍你，你就一定要一邊喊：「我受傷了～」邊往後倒；要是對方用手比出手槍射擊的動作，你就一定要用手按著胸口，然後「呃！」地一聲倒下來。這都是關西人在對話時的基本反應。

在關西土生土長的她從小跟別人說話就會發出「喔喔！是喔！」、「真的！我就說！」等等的反應，同時還會搭配上各種比手畫腳，做出非常生動、誇張的回應。

不過，實際上她並未認真聽對方說了什麼，而是滿腦子都在想「什麼時候要插入話題才好」、「要怎麼回應才會比較搞笑」等等。所以，她在跟別人交談時看起來好像都很熱絡，但實際上並未能讓對方分享更深入的內容。人都是這樣，只有當對方認真傾聽自己說話，我們才會想把內心更深處的想法及感覺告訴對方。反應熱絡的對話也許有助於拓展交情不深的人際關係，卻沒辦法幫助我們建立起情誼深厚的人際關係。比起認識許多人但交情都不深，我們在人生中盡量多與人建立起交情深厚的信任關係才能讓自己過得更加安心、快樂。所以，**懂得傾聽他人說話的人基本上都能擁有美滿幸福的人生**。

自稱「被請客專家」的中島太一靠著別人請客吃飯養活自己，他每個月都會傾聽50～60個人說話，而傾聽他們說話的報酬就是請他吃飯。中島先生曾在訪問中說：「有人說『人都有向外輸出的需求』根本就是在騙人。大家只不過是找不到可以聊天的人罷了。一般的社會通常沒有機會讓我們聊自己想聊的事、問我們想不到的事情，沒有人聽我們說自己辛苦學來的教養或工作上的事，所以我們就不會覺得滿足，才會覺得只能透過向外輸出來獲得別人的讚美。其實我們就只是想要個傾訴的對象而已。」他會替對方保守秘密，傾聽對方最想說的話，正因為他擁有這份傾聽能力，才會讓許多人都想要找他訴說。

「希望對方聽自己說話」是非常正常、普遍的需求。有的人會透過諮商或教練式領導來滿足這份需求，也有一些年輕人則是透過這位被請客專家來滿足自己的這份需求。所以，只要你也學會傾聽的能力，想與你見面交談的人肯定會愈來愈多。

人際關係的建立在深不在廣！

第 3 章

讓對方卸下心防的傾聽篇

31
讓對方感到一見如故的傾聽技巧

有時與對方是第一次見面，卻發現彼此出身同校等等共通點，而突然感到更為親近，說起話來也比較熱絡。你也有這樣的經驗嗎？

這其實是**「相似性法則」的作用，也就是當自己發現與對方有共通點以後，彼此之間的心理距離就會一口氣縮短**。我們對於服裝、表情、行動、價值觀等等與自己有相似之處的人，都會不自覺地感到安心或信任。各位知道這是為什麼嗎？

其實這都是受到人類古老的記憶及本能的影響。遠古時代的人類一旦遇到與自己毫無相似之處的動物，就有可能陷入被殺害的危險之中；在古代的國外，不同部落之間的人一旦進入對方的地盤，就會使部落之間發生衝突，引起殺身之禍。

人類對於未知的事物都有一種無法控制的恐懼。

因此，如果要讓對方擁有安全感以及信任感，最重要的就是找出或創造出彼此之間的共通點，讓對方產生「這個人跟我有相似之處」的感覺。

ＮＬＰ（Neuro Linguistic Programming，神經語言程式學）心理學將這樣的做法為「同步

（Pacing）」。這是透過配合對方的呼吸、動作、說話速度等無意識的部分來建立信任關係的基本技巧。

善於營造出能夠輕鬆交談氛圍的人，都會與對方形成同步（Pacing），例如：自然地覆述一次對方說的話等等。相反地，**經常在對話過程中惹對方不悅的人，則是會不自覺地出現跟對方不同步（唱反調）的回應**。以下是不同步的對話範例：

A：「冬天好冷喔，出門真的會要了我的命……」

B：「我倒是不怕冷，要去哪裡都沒問題！」

這樣的回答雖然並沒有惡意，只是很耿直地說出自己的想法，但接在對方的話之後就會有種唱反調的感覺。就算自己的想法跟對方不同也不必說出來，只要回應對方：「是啊，這麼冷還要出門真的很痛苦呢！」做出與對方的感受產生同步的回應，對方才會比較願意繼續跟你聊下去。

不論是工作還是談戀愛，討喜的人在聽對方說話時都會像這樣採取與對方的一言一行、一舉一動形成同步的回應。

要與對方產生同步，增加彼此之間的共通點！

32 不著痕跡地讓對方感到安心及信任

前面說過，若要在交談過程中讓對方產生安全感及信任感的話，最重要的就是與對方形成同步（Pacing），配合對方的言行舉止。那麼，我們要配合對方的那些言行舉止比較適合呢？

答案就是對方的無意識。

意識指的是言語、思考，頭腦在思考時會環繞著文字及語言，沒有語言就不會形成思考。所以，我們在思考也可以說是我們有意識的狀態。

無意識指的是身體的感覺，我把這種感覺也稱為「油然而生的感覺」。

「感到依依不捨」、「覺得忐忑不安」、「覺得這個人很健談，那個人很難聊」等等，都是透過身體感官得到的感受，沒有任何道理可言。

各位覺得意識及無意識在我們日常生活中各佔了多少比例呢？

每一派的學說都有各自的觀點，有的人認為是1：9，也有人提出不同的看法，但無庸置疑的是每一派學說都認為無意識擁有更加強大的力量。

換句話說，**懂得控制無意識的人就能夠掌握溝通的技巧**。

在交談的過程中，說話本身就是有意識的狀態。就算只是重複對方說過的話，也可以算是一種同步。

不過，**配合對方的呼吸、動作、說話速度、說話風格等等，才是跟對方無意識的部分形成同步，能給對方的內心帶來更深的安全感以及信任感**。

不論是安心感還是信任感，都有一個「感」字，也就是要讓對方有所感受才行，思考並不能讓人獲得安心感及信任感。只要讓對方透過無意識也就是身體的感官感受到「這個人讓我很安心，這個人值得我相信」，就能讓對方願意說出真心話。

在無意識的部分中，又以呼吸格外為重。呼吸是主宰我們生命的生理現象，配合對方的呼吸可以帶給對方深深的安全感。

呼吸的速度會表現在說話的速度上。所以面對說話速度快的人就要反應快速，面對說話速度慢的人則要有耐心地聽完對方說話，這樣才能讓對方產生安心感及信任感，拉近與對方的距離。

要配合對方的呼吸節奏及說話速度！

33
人都喜歡與自己相似的人

人對於與自己有相似之處的人都會產生安心感及信任感。事業有成的人或是受歡迎的人都非常懂得在交談的過程中與對方自然地形成同步（Pacing）。**自然地模仿出對方的言行舉止，讓自己就像對方照鏡子映出的影像一樣，這樣的做法稱為鏡映（mirroring）**。

《表情》笑口常開的人就會覺得不苟言笑的人看起來太過正經古板、冷漠、灰暗陰鬱；相反地，習慣表情嚴肅的人看到對方經常笑嘻嘻的樣子，就會覺得對方態度輕浮。

《動作》動作快的人會覺得動作慢的人動作拖泥帶水；慢條斯理的人則會覺得動作快的人個性急躁。

《肢體語言》肢體語言豐富的人就會覺得肢體語言不足的人沒有服務精神；肢體語言較少的人則會覺得肢體語言豐富的人過於毛躁。

《服裝》習慣穿西裝等正式服裝的人就會覺得穿著休閒服的人不注重服裝儀容；習慣穿得比較休閒一點的人則會覺得老是穿著西裝等正式服裝的人正經八百。

仔細觀察並模仿對方的表情、動作、姿勢、服裝、說話方式等等，利用鏡映的效果就能讓對方覺得「我跟這個人也許合得來」。

不過，當你以業務員的身分去談生意時，看見對方翹腳便採取與對方同樣的姿勢，反而會讓對方覺得你的態度很高傲。這時不妨改成將雙手放在桌上並將十指相扣等等，不要與對方的動作完全相同。

我以前在上關於教練式領導的課程時，跟我同一組的學員看見到我紮著頭髮來上課後，也學我把頭髮紮起來，完全模仿我的舉動。當時的我覺得很不舒服，也不太想要跟她多交談。**要發揮鏡映的效果就不能完全模仿對方，一旦被對方察覺你的模仿舉動，一切的努力就會付諸流水。被人模仿本來就會讓人感覺不舒服**。

感情好的人看到對方拿起飲料來喝，也會不自覺地拿起飲料。這是一種自然的同步，拿起飲料的時機自然而然地就會重疊。所以，才會有一句成語「氣味相投」用來形容雙方志趣、性情相合。當對方跟自己感情好，人的言行舉止都會自然地與對方產生同步。而若要特意與對方產生同步的話，**最多只能模仿至七成相似，才不會顯得故意不自然**。

不要完全模仿對方的一舉一動！

34 要主動接近，不要強迫對方靠近

與對方形成良好溝通的方式之一稱為「同步&引導」

同步（Pacing）即配合、呼應，引導（Leading）即帶領、指導對方。

舉例來說，當小朋友都在走廊上嘻笑吵鬧，這時如果直接進行引導，也就是對他們說：「要上課囉！趕快進教室！」小朋友肯定還是繼續吵吵鬧鬧，不會老實地走進教室。但如果先進行同步，也就是跟他們站在同一陣線，跟他們說：「你們玩得好開心啊！」才接著說：「不過，已經到上課時間了喔，快點進教室吧！」小朋友就會乖乖地走進教室上課。

像這樣先透過同步讓對方感到安心，接著再引導對方做接下來的動作，是「同步&引導」技巧的基本。

若不懂得設身處地，站在對方的立場，就別期望對方對你卸下心防。我們要做的是主動去接近對方，而不是強迫對方走向自己。

聽對方說話也一樣，當對方無精打采地訴說煩惱時，如果我們還精神奕奕地回應對方：「還好吧？這麼沒精神！別想太多啦！」就是一種不同步（唱反調）的行為，無法帶給對方安心感。就算想要鼓勵對方、給對方加油打氣，**也要先與對方的情緒及感受產生同步。不讓對方真正卸下心防的話，再怎麼引導都沒有用**。

面對無精打采的人，一開始應該要先用比較冷靜的口氣跟對方說：「你還好吧？雖然我可能幫不上什麼忙，但有什麼話想說的話，你就儘管說出來吧。」一定要先傾聽對方訴說，確定彼此之間真的建立起投契關係（信任關係），對方也比較有精神以後，再一邊觀察對方的神情，然後慢慢地換上笑容、提高音調，進入引導的階段。

若不先進行同步，貼近對方的心情並傾聽對方的感受，那麼不論你說得再多，對方也不會有任何反應。

沒有同步就沒有引導！

35 配合對方習慣的知覺接收方式

你的慣用手是左手還是右手呢？

每個人都有自己的慣用手，同樣也有慣用腳。慣用腳就是平時習慣先踏出的那一隻腳，或是被人從後面推了一把時，下意識地往前踏出的那一隻腳。

我們都有兩隻手、兩條腿，以及兩隻眼睛，但為什麼都只習慣使用其中一邊呢？

這其實與意識及無意識有關。意識及無意識所占的比例眾說紛紜，我在前面也說過，有的學派認為意識及無意識所占的比例是1：9，無意識比意識更佔據優勢。意識就是我們一次只能處理一件事情，例如：當我們在進行閱讀的行動時，就不會去注意到空調的聲音或坐在椅子上的感覺等等。

不過，這時我們的耳朵或臀部並不是完全麻痺沒有感覺，只是當意識都集中在閱讀這件事時，其他感官的感覺都會陷入無意識。我們可以用電腦做很多事情，也可以同時開著Excel還開啟網頁瀏覽器或Word，但我們還是沒辦法同時在Excel及Word輸入文字。

同樣的道理，我們雖然有兩隻手、兩隻腳，但由於意識只能處理其中一邊，所以我們才會習慣只使用其中一邊，形成慣用手、慣用腳與慣用眼。

其實我們都是使用五個感官在理解這個世界。雖然我們會以為自己是靠著大腦在理解這個世界，但要是沒有這五個感官的感受，我們的大腦就沒辦法進行運作。

舉例來說，就像電影院裡的大銀幕，如果電影的畫面沒有被投影在銀幕上的話，銀幕依然是一片黑漆漆的銀幕，大腦也是一樣，我們一定要睜開眼睛去看，大腦才能得到各式各樣的視覺資訊。NLP心理學將五個感官的感知統整為3大類，分別是視覺型（Visual）、聽覺型（Auditory）以及身體感覺型（Kinesthetic），稱之為VAK感知系統。

就像每個人都有自己的慣用手一樣，每個人也都有自己習慣的感知方式。我們會使用自己習慣的感知方式去認識外界資訊，與他人進行溝通。

與他人交談時是否配合對方習慣的感知方式（也就是有沒有形成同步），也會關係到彼此之間的溝通是否順利。

每個人都有自己習慣的感知方式！

36 了解自己習慣的知覺接收方式

我們可以透過觀察以下4個項目，去了解對方平時習慣使用VAK感知系統當中的哪一種感知方式存取大腦中的資訊。

①眼球的轉動　②呼吸　③音調或語速　④姿勢

你知道自己習慣的感知方式是視覺型（Visual）、聽覺型（Auditory）還是感覺型（Kinesthetic）呢？請各位一起來做個小測驗，透過用左頁的VAK感知系統分類圖來了解自己習慣的感知方式。

請閉上眼睛想像「海」這個字，請問你覺得自己哪一個感官產生感受呢？

①腦海中浮現出沙灘上滿是遊客的畫面……**視覺V型**

②彷彿聽見海鷗及海浪的聲音……**聽覺A型**

③彷彿感受到海水的冰涼、陽光的熱烈……**感覺K型**

即使慣用手是右手，也不可能完全不用左手，最終還是可能使用視覺、聽覺、身體感覺等感官想像大海，但最快產生或強烈感受的感覺，很有可能就是你優先使用的感知方式。

VAK感知系統

找出自己習慣的感知方式！

V 視覺要素 Visual型

1. 說話時的語速快、音調高，即問即答。
2. 已經透過圖像的方式在腦海中處理完資訊，所以可以迅速地反應。
3. 眼睛往上看。
4. 呼吸淺，只有胸部以上的肩膀隨著呼吸起伏。
5. 經常使用「看起來」、「觀點」等關於視覺的詞彙。

視覺V型常用的詞彙

看起來
焦點
明顯地
凝視
注視
描繪
觀察
想像
描寫
照看

A 聽覺要素 Auditory型

1. 說話時咬字清晰、不含糊。
2. 喜歡條理式的思考，不使用圖像式或感覺式的思考。跟別人說話時也喜歡以闡述理論的方式進行表達。
3. 眼睛左右看。
4. 呼吸時胸部均勻地起伏。
5. 使用「聽得出來」、「在思考」等關於聽覺的詞彙。

A型常用的詞彙

說起來
聽起來
產生共鳴
回響
強調
詢問
說出口
有回音
批評
討論

K 感覺要素 Kinesthetic型

1. 以較低沉的聲音及緩慢的語速在說話。
2. 要把身體的感覺轉換成語言再表達，並非頭腦思考的內容，所以要花比較多時間才能反應。
3. 眼睛往下看。
4. 使用腹部慢慢地呼吸。
5. 使用「感覺起來」、「掌握」等關於身體感覺的詞彙。

K型常用的詞彙

觸碰
抓住
接觸
拿在手上
握住
手感
有溫度
很沉重
切身之痛
為之一震

37 說話快速且思緒跳躍的「視覺V型」

VAK感知系統中，以視覺（Visual）為優先的視覺V型者會透過圖像處理腦中的資訊，他們為了快速傳達腦海大量浮現的視覺資訊，就會使用比較快的速度在說話。

根據我的分析，日本知名的搞笑藝人明石家秋刀魚就是屬於視覺V型。他的說話速度很快、音調偏高，說話時經常往上看，上半身也會微微後仰。當我們的頭腦在快速運作並進行思考時，眼神就會自然往上看。

不論是閱讀還是看Power Point的檔案，比起只有文字的內容，視覺V型的人更喜歡文字搭配插圖、照片、圖片等圖文並茂的內容。看菜單的時候也是一樣，視覺V型的人覺得哪一張圖片的餐點看起來更美味，就決定點那一道餐點。購買衣服鞋子時也是優先考慮外型設計，所以有時可能會因為涼鞋的設計好看就購買，並未考慮穿起來合不合腳等等。

視覺V型的人說話都很快，所以在聽他們說話時一定要跟上他們的節奏，適時地給予回應，使用與視覺畫面有關的方式來提問，例如：「那你怎麼看待這個問題？」等等，就可以讓對話更加地熱絡。

由於他們的腦海中的畫面會一直不停地切換，所以他們說的內容也很容易跳來跳去。假如聽了有不明白的地方時，還是可以稍微開口問一下：「你說的大概是這樣的感覺嗎？」確認對方說的跟你想像的有沒有落差。

此外，向視覺V型的人**進行說明時，搭配圖片或照片的說明通常會有更好的效果**。比起只有文字，搭配上圖片或照片才可以讓他們更快速地明白你要說明的內容。

乾淨舒適的環境會讓視覺V型的人覺得很舒服，跟人交談時自然也會比較熱絡。相反地，如果把見面地點訂在一間昏暗又破舊的店家時，周圍的環境則會讓視覺V型的人提不起興致，這一點也務必多加注意。

此外，視覺V型的人在傾聽其他感知類型的人說話時，則是容易急著做出回應。所以，視覺V型者要傾聽的對象如果是其他感知類型的人，例如：經常沉默或說話速度較慢的身體感覺K型者，則必須設法放慢自己說話速度及回應速度。

另外，腦袋轉得快雖是視覺V型者的特徵，但也絕對不能只聽別人說一、兩句話，就立刻擺出「好啦，好啦，我已經知道你在說什麼了」的態度。

在跟視覺V型的人說話時，一定要讓他們有想像的畫面！

38

不喜歡噪音的「聽覺A型」

在VAK感知系統中，以聽覺（Auditory）為優先的聽覺A型者並不是以圖像或感覺在理解事物，而是以文字進行有條理的思考。

聽覺A型的人會把意識放在耳朵，並以聲音清楚地進行表達。根據我的分析，日本知名諧星塔摩利（森田一義）就是聽覺A型。他正是帶著沉穩的嗓音，有條理地說話。

聽覺A型的人可以輕鬆地重複對方說過的話，而且非常喜歡聽音樂。塔摩利先生在主持了30年以上的冠名綜藝節目「笑一笑又何妨！」當中都能正確無誤地記住每一位來賓或其他主持人說過的話。此外，塔摩利先生也是出了名的爵士樂愛好者，酷愛爵士樂。

聽覺A型的人非常重視文字及語言，他們會自問自答，也會自言自語。有些人參加演講等活動時都會閉上雙眼，只用耳朵去傾聽台上的人在說什麼，這樣的人就是聽覺A型者，非常適合透過影音的方式進行學習。

我有一些朋友都屬於聽覺A型，當中甚至有人可以把主講人在講座中說過的話逐句記錄下來。他們在點菜或購物時，都會非常仔細地看過菜單及說明再做決定，假如沒有詳細的菜單或說明，他們也會直接詢問店員：「請問今天推薦的是哪一道料理？」

聽覺A型的人在咖啡廳等人多吵雜的地方就無法集中注意力，所以如果要跟聽覺A型者交談的話，一定要選擇一個安靜的環境。在聽覺A型者說話時，一定要使用跟聽覺有關的回應方式，例如：「請你針對這個問題進行說明」等等，他們才會更容易理解。

聽覺A型的人都會使用文字去梳理事物，所以他們也很習慣運用5W2H進行提問。

此外，當聽覺A型的人在聽別人說話時，則是習慣打破砂鍋問到底，一定對方有條理地解釋清楚。不過，像是身體感覺K型的人就不擅長用語言或文字表達自己的想法，要求視覺V型的人把腦海中的畫面整理成井然有序的文字或語言，也是在強人所難。所以，假如你是聽覺A型的話，請務必多加注意別出現這樣緊迫盯人的做法。

聽覺A型的人在傾聽時，也會認真地把重點記下來，而忘記傾聽時的眼神接觸與笑容回應。有時，聽覺A型的人也會給人想太多、愛講道理、不懂得融入氣氛的印象，所以偶爾靠身體感受而非動腦思考，也許可以讓自己與他人的溝通有更多的可能性。

與聽覺A型的人交談要選擇安靜的地點！

39 需要沉默片刻的「感覺K型」

以身體感覺（Kinesthetic）為優先的人屬於感覺K型，這一類的人都是用身體的感覺去感受事物，而不是用頭腦去思考，他們說話時的嗓音比較低沉，語速也比較緩慢。

根據我的分析，日本搞笑藝人組合「南海甜心」的成員小靜就是屬於感覺K型。小靜在說話的時候，眼睛大部分都是往下看，說話的速度也很慢。她後來開始學拳擊，我想大概也是因為她屬於這種擅長以身體動作學習技能的類型。

感覺K型的人有個特徵，那就是他們在開口回答問題之前都會沉默許久。

各位知道為什麼感覺K型的人要花那麼多時間才能回答問題嗎？

我經常在座談會上問大家一個問題：「假如有個國家的人從來沒見過砂糖，你會怎麼跟他們說明砂糖的甜呢？」大家思考了一下之後，都會回答：「看他們國家有什麼甜食，例如：水果、蜂蜜等等，然後跟他們說砂糖吃起來就跟這些食物一樣都是甜的。」像這樣要使用文字說明出酸甜苦辣等身體感受，確實是一件很不容易的事情。只有一個最好的辦法可以讓他們了解到砂糖的甜，那就是讓他們實際吃吃看砂糖，親自去感受砂糖的甜味。

像這樣使用文字去說明身體的感受其實並不容易，感覺K型的人也沒辦法馬上把他們的感受轉換成語言，所以才會難以立刻回答別人的問題。

我的前上司在面對感覺K型的下屬時，也是連珠炮般地提出一個又一個問題，一旦對方沒有立刻回答，他便覺得是自己說明不足，又繼續說下去。

然而，**當感覺K型的人聽到別人連珠炮似地說了一大堆話時，通常都會來不及處理這些文字訊息，所以與感覺K型的人交談時，最重要的就是耐心等待**。

在面對感覺K型的人時，最重要的就是放慢說話及回應的速度。

就算他們保持沉默也不要催促，這樣對於你說的話才會有更深的理解。另外，商業相關的討論時提供親身體驗、接觸的機會，例如：試吃、試乘等等，通常會更有效。

感覺K型的人如果勉強自己跟上別人的說話速度，不管對方說什麼都要立刻附和的話，其實反而會讓自己聽不懂對方在說什麼。所以，感覺K型的人不必勉強自己跟上對方的速度，只要把意識放在對方最想說的事情上，專心地傾聽對方說話，反而能給對方留下好的印象。

別連續不斷地對感覺K型者提出問題！

40 打理好外表及環境，才有利心靈的交流

對方會不會卸下心防跟你暢聊，其實從開始交談之前就已經決定了。

因為外在環境會影響內在心理，而內在心理則會顯現在外部狀態。

舉例來說，看到壞掉的燈泡一閃一閃時，我們就會感到心煩氣躁；壓力過大會導致胃部不適難受，進而造成皮膚出現濕疹。這都是因為外在環境與內在的心理狀態會互相影響。

當你跟心儀的對象一同到餐廳用餐，而你想對他訴說心中的情感時，那麼你最好與對方隔著桌子面對面而坐，除此之外不要再有任何東西阻隔在兩人之間，這樣你的心意才能更直接地傳達給對方。

當你跟心儀的對象一同到餐廳用餐，想對他訴說心中的情感時，最好除了隔著桌子面對面之外不要有任何東西阻隔在你們之間，這樣心意才能更直接地傳達給對方。

我有一位朋友是個頂尖的業務員，只要確保客戶有同住的家人，就會盡量徵求客戶的同意，請客戶允許他登門拜訪。比起將見面的地點訂在咖啡廳等場所，這樣做可以觀察客戶住在什麼樣的房子、開什麼樣的車、家裡有哪些擺設，藉此了解客戶的興趣所在。得知更

多有關客戶的資訊，不管是找話題，還是回答對方的問題，都大有助益。除此之外，到客戶的家裡拜訪還有個好處，那就是可以直接感受到客戶與家人之間的關係，假如決定權是在其他家人的手上，也能夠立即確認結果。

另外，如果是與單身未婚的客戶見面，他就會盡量請客戶同意讓他到工作地點拜訪。因為這樣可以藉機觀察客戶工作地點的氛圍以及工作情況，如此一來，當他在聽客戶說話的時候，他就能更理解客戶為何有這樣的想法，也能對客戶提出更有深度的問題。

就像這樣，**明白外在環境會對內在心理狀態造成影響的人，就會在與對方交談之前，努力營造出讓對方更容易卸下心防的談話環境**。

在面試的場合中，如果面試者使用的是比較硬挺的公事包（底部的厚度足夠，就算放在腳邊也不會倒下），面試官看到面試者放在一旁的公事包直立的樣子，也會對他留下比較好的印象，覺得這個人或許是個能夠獨當一面、自立自強的人。**若要得到對方的信任，幫自己的外表建立一個良好的形象也是非常重要的一件事**。畢竟給人的觀感好不好、能不能進行心靈交流，都是在開始交談之前就已經決定好了。

交談前先打理好自己的外表及外在環境！

41 用位置關係打破隔閡

為什麼在擁擠的電車裡會令人感覺不舒服呢？

每個人的周圍都有所謂的個人空間，這是一種心理上的地盤概念，一旦有人踏入這個空間，就會感覺到不舒服。一般認為女性的個人空間是以自己為圓心的一個圓形範圍，男性的個人空間則是呈現橢圓形，前方的範圍較大，左右及後方的範圍較窄。

教練式領導將面對面而坐的姿勢稱為「對決姿勢」，這種位置關係容易讓人產生緊張感，也會讓雙方的意見難以達成共識。在這種位置關係下看到的景色完全相反，所以意見也就難以一致。談話性節目需要來賓熱烈討論、上司要下屬打起精神好好工作時，最好要帶著一點緊張感，所以這些情況很適合採取對決姿勢。不過，如果是需要敞開心扉深入交談的情況，就不是那麼適合這樣的位置關係。

另一方面，像是情侶約會時經常並肩而坐，這種位置關係則稱為「長椅姿勢」或「情感姿勢」。並肩而坐時看到的景色都一樣，所以彼此的意見也比較容易一致。不過，由於這種位置關係的距離過於接近，如果彼此是第一次見面或是為了工作上的事情見面，並肩而坐就會令人感到有些尷尬。

因此，通常比較建議的座位安排是坐在對方的斜前方，這是專業諮商師經常採用的座位安排，醫院或診所的診間也是如此。這種座位關係不會像「長椅姿勢」那樣令人感覺尷尬，也不會像「對決姿勢」那樣令人感到緊張。

開會時的座位選擇也可以看出彼此之間的關係性。這是美國心理學家史汀哲以會議中的集團心理進行研究後得到的發現，稱為史汀哲效應。

①面對面而坐的人通常意見相反或不合

②坐在旁邊的人在物理上的距離較近，也會拉近心理上的距離，站在同一陣線

③對方坐在斜前方比較不會讓人感到緊張，彼此不容易起衝突，但對方也不見得與自己同一陣線，站在較中立的立場。

所以，倘若覺得自己有可能在會議中跟某個人持相反意見的話，最好的化解方式就是跟對方坐在同一方向或斜前方。

在對話開始前先決定好有利雙方交涉的座位，這在商業活動中也是非常重要的關鍵。

懂得座位關係的人
談起戀愛或打拼事業都不成問題！

42 坦露心聲的威力

各位有沒有曾經透過坦露心聲使談話熱絡起來的經驗呢？

有人說，**自我揭露可以帶動對方的自我揭露**。

客戶：「大概是年紀大了，我最近健忘得很誇張……」

業務員：「我也是耶。如果不先拿張紙記下來再貼在電腦螢幕，一轉頭就忘了要做什麼……」

客戶：「原來你也會這樣啊！那我們還真的是同病相憐呢～」

這叫做「自我揭露的互惠性」的心理，指人們看到對方主動自我揭露時，也會比較願意敞開心扉與對方交流。自我揭露有2個重點。

①**配合對話的嚴肅程度（自我揭露的程度要讓對方容易開口）**

②**不要過度自我揭露**

以前面的例子來說，如果業務員是說：「這樣啊……其實我父親就是因為失智症而住進了療養院……」各位認為這樣的自我揭露能不能讓對話有更進一步的發展呢？

由於業務員說的事情比客戶說的情況來得更加嚴肅，客戶只能接著說出「令尊的狀況還好嗎？」等關心對方的話，沒辦法繼續聊及自己的煩惱。

反之，假如對方所說的話題比較嚴肅，而你的自我揭露內容卻比較輕鬆的話，那就沒辦法跟對方形成同步，難以建立起信任關係。

以下的例子為輕鬆的交談內容，所以也適合輕鬆一點的回應與自我揭露。

A：「我最近變胖了……」

朋友：「有嗎？我的游泳圈其實也變大了～」

A：「莫非是……？肯定是因為我們的代謝都變差！」

朋友「嗯嗯，絕對是這樣！」

要是這位朋友用很嚴肅的表情回答：「變胖了？你還好嗎？」對方肯定會心想：「其實我也不是那麼煩惱，這下該怎麼回答……」難以繼續接話。

與人交談時一定要透過對方的表情以及內容，斟酌對話的嚴肅程度，才能做出最適合的同步（Pacing）。

回應的嚴肅程度也要配合對方說的內容！

43 別當話題小偷

你會跟別人分享自己的失敗經驗或缺點嗎？分享經驗時，你有辦法做到不加油添醋嗎？

前面一篇介紹了自我揭露的2個重點，以「其實我也是……」的方式搶走對方的話題，反過來一直在談自己的事情時，會讓自己變成一個話題小偷。如此一來，對方就會沒辦法吐露自己的心聲，心情愈來愈不好。

適合自我揭露的內容通常是同樣的經驗或自己的失敗經驗談。

下屬：「我都沒辦法跟第一次見面的客戶相談甚歡……」

上司：「是喔。其實我以前也是這樣。剛開始在跑業務的時候，只要是跟第一次見面的客戶講話，我的聲音都在顫抖。」

下屬：「原來課長以前也會這樣啊？那我們真的一樣耶（鬆了一口氣）。」

像這樣**揭露自己的失敗經驗或是弱點，對方聽了也會受到互惠心理的影響而敞開心扉交談，覺得：「原來覺得煩惱的人不只是我。」**

不過，自我揭露的內容如果是在自賣自誇的話，那就要另當別論了。

上司：「沒辦法跟客戶相談甚歡？想當初我還只是個菜鳥，那時就是抱著兵來將擋、水來土掩的心態在跑業務，卻有很多客戶稱讚我的態度很好！一天少說也拜訪了50個客戶吧？你剛開始還不適應，之後就會慢慢習慣的！不要煩惱那麼多！」

若是像這樣只顧著炫耀自己當年的英勇事蹟，未跟下屬的心情產生共鳴，下屬當然不可能坦率地說出自己的煩惱。

那麼，為什麼有些人要一直炫耀自己或是過度自我揭露呢？這其實是受到了自我形象的影響。**認為「我要讓更多人都認同我才行」的人對於獲得認同的需求都會超過常人，一開口就是想著怎麼炫耀自己**。

反之，**覺得「自己沒有價值」、「自己不值一提」的人則會對別人抱持警戒心及不信任感，不願向他人自我揭露**。此外，依賴心重的人則會過度自我揭露，只要有人能懂自己，不管對象是誰都無所謂。這樣的人容易失去跟他人之間的界線，向對方索取如同父母對待子女般不求回報的愛。換句話說，**人一旦沒有穩定的自我形象，就容易做出過度的自我揭露**。

別自賣自誇，要聊自己的失敗經驗！

第 4 章

善解人意的傾聽技巧 篇

44 像花一樣溫柔的傾聽

目前在日本全國各地以「生命之課」為題舉辦演講的腰塚勇人先生曾是教師，由於一次的滑雪意外導致頸椎骨折，醫生宣告他只能臥床度過餘生。腰塚先生當時頸部以下完全動彈不得，喪失求生意志的他曾咬舌自盡未遂，後來終於轉念，心想：「就算我再也不能動，我也要像盛開的花朵一樣，撫慰每一位相逢的有緣人。」

腰塚先生在他的著作《生命之課》（暫譯）中寫下了「5句誓言」。

①口……用來說出鼓勵他人及感謝的話語
②耳……用來聽完對方說的每一句話
③眼……用來看到他人的優點
④四肢……用來幫助他人
⑤心……用來苦人所苦

他實踐的這5項誓言其實就跟諮商以及教練式領導重視的傾聽有異曲同工之妙，想離對方更近一步的話，就必須具備傾聽的能力。

看見對方的好、幫對方找出本人也未發覺的能力及優點，並且給予他們反饋、鼓勵等等，是誓言①及③的主要內容，其實就是教練式領導所說的認同技巧。例如：即使對方現在處於煩惱之中並且無精打采，也要相信他們的內心深處一定擁有可以讓自己的人生變更好的力量。鼓勵就是給予對方跨越困難的力量。

誓言②是在告誡自己要聽完對方所說的每一句話，這是基本中的基本，卻也是許多人在日常對話之中最難做到的傾聽技巧。

誓言④則是提醒自己要將雙手雙腳用來幫助別人。不管是誰，內心深處肯定都希望自己可以成為別人的助力。

誓言⑤說要人擁有苦人所苦的能力，這也是所有人都必須具備的共情能力。人為什麼要訴說？其實就是希望有人懂得自己的痛苦。

只要能夠做到這5點，肯定能像盛開的花兒一樣撫慰出現在自己生命中的每一個人。**真正的傾聽就是像花兒一樣鼓勵著對方**。

要撫慰對方的心！

45 建立安全感的3個基本態度

傾聽是以臨床心理學家卡爾・羅傑斯創立的當事人中心療法（個人中心療法）為基礎。當事人中心療法強調「非指導性」的治療方式，不使用建議、說服、激勵等手段，而是以「單純接納」（點頭或附和）、「複述內容」、「情感反射」等方式重複對方的重點，並且重視以「澄清」等技巧讓對方準確表達原先難以言喻的情感。

此外，當事人中心療法使用的技巧固然重要，但也強調「人都具備自我成長及自我實現的可能性」的價值觀。當事人中心療法已是一種非常普遍的心理治療方式，就算是初學者也不會傷害到對方，運用在日常的對話也有很大的幫助。當事人中心療法非常強調3個基本態度，分別是「無條件的正向關懷」、「感同身受的理解」以及「自我一致」。

◎無條件的正向關懷（接納）

無條件的正向關懷又稱為接納，指傾聽者「不進行個人的意見判斷」，要「無條件地全盤接受」對方的想法及情緒。如此一來，對方才會感到安心，娓娓道出自己的真心話，或是好好面對自己。

此外，所謂的「無條件」就是傾聽者不能對說話者抱持任何期待，不必期待對方會說出你所希望的回答，也不必期待對方會滿足你的需求。

◎感同身受的理解

設身處地感受及理解對方的經歷及感受。與他人一同感受「喜怒哀樂等情感」是建立良好人際關係不可欠缺的關鍵。羅傑斯曾說：「不要去評斷對方，要去理解對方。」。當有人理解自己以後，人才會得到治癒，並且接受自己是重要的存在。

◎自我一致

自我一致也稱為真誠。傾聽對方說話時不必刻意粉飾自己的外表、內心的想法及情感，當心中出現疑惑，一邊想著：「他剛剛說的那句話是什麼意思……」其實就沒辦法專心聽對方說話。不如順從自己的感覺，直接跟對方說：「你可以跟我說一說那句話是什麼意思嗎？」才能真正傾聽對方想說的話。

只要學會了這3個基本的態度，你就能夠與對方建立起信任關係，不必擔心傷到對方的心。

要學會不讓對方傷心的3個基本態度！

46 傾聽能讓身邊的重要之人有寄託之處

人若是沒有傾訴的對象，就會被強烈的孤獨感包圍。

孤獨的人特別容易被多層次傳銷或違法的宗教團體盯上，有時不只是騙了錢財，最後還可能斷絕與親朋好友之間的情誼。

被多層次傳銷或違法宗教團體洗腦的人就算聽到他人勸告「那種方式根本不可能賺錢」、「你會把自己搞得眾叛親離」等等，他們依舊充耳不聞。他們跟這些團體內的成員之間有強力的連結，也經常跟團體以外的其他人斷絕關係，覺得「反對我加入的人都不懂我」。

這樣的情況其實跟人的歸屬需求及認可需求有很大的關係。美國心理學家亞伯拉罕・馬斯洛提出「人類是一種不斷追求自我實現並且成長的動物」的假說，認為人類的行為動機是基於以下這5個層次的需求（即馬斯洛的需求法則）。

①生理需求……飲食、睡眠等一切用於維持生命的必要需求

②安全需求……不受災害、疾病威脅，追求生活不窮困的需求

③愛與歸屬需求（社交需求）……希望自己隸屬於家庭、社會等各種集團的需求

④認同需求（尊重需求）……希望自己受到認可的需求

⑤自我實現需求……希望活出自我的需求

多層次傳銷讓人擁有輕鬆致富的幻想，違法的宗教團體則使人相信只要信教就能在死後的世界獲得救贖，讓會員或教友覺得自己的②安全需求得到了滿足。

除此之外，還會親切地傾聽他人，加強成員間的同儕意識，藉此滿足③愛與歸屬需求。當多層次傳銷或違法宗教團體跟成員建立起信任關係以後，就會開始洗腦商品多麼優秀、信仰的理想及抱負多麼遠大等等使加入者深信不疑，甚至再去強迫別人加入。

不只如此，不論他們是否成功讓其他人加入，這些多層次傳銷或違法宗教團體都會給予他們認同及鼓勵，所以又滿足了他們的④認同需求，讓他們心甘情願地繼續付出。因此，如果你不希望自己身旁重要的人被拉進這種奇怪的團體，**平時就要好好地聽對方傾訴，並滿足他們的認同需求，因為每個人的內心都在追求一個受到認同的立身之處。傾聽就是在為對方打造一個受到認同的立身之處。**

用傾聽滿足對方的愛與歸屬需求！

47 收起帶有攻擊性的言語，用「傾聽」與對方交談

打開社群平台可以看到漫天的負面評論，走在街頭巷尾也能聽見各種批評或中傷別人的言論。在這些人之中，有人主張「別人會把言語當成武器來攻擊我，所以我也只能把言語當成防衛的盾牌保護自己」。

這樣說當然也有它的道理。在美國，將槍枝視為防身手段的人不在少數，然而槍枝帶來的犯罪及事件並未減少。

另一方面，在日本持有槍械是犯法的行為，而日本卻是公認的最安全國家。在國外，女性在半夜獨自走路到便利商店是一件非常危險的事，在日本卻很稀鬆平常。比起合法擁有槍枝的美國，禁止持有槍枝的日本反而更加和平。

提倡非暴力、不合作精神的印度獨立運動之父甘地說：「我反對暴力是因為暴力帶來的好處只不過是一時的，暴力造成的惡果卻是後患無窮。」

你為了贏過對方的言語攻擊也用帶著攻擊性的方式說話，這樣就算靠著破壞力的言語打敗對方，洋洋得意地暗自竊笑，也只不過是一瞬間的事情而已。你以為自己贏了，但結果

會不會因此在對方心中種下了恨意，為日後帶來無謂的爭鬥？

以拳擊來比喻的話，這就像舉高手臂保護頭部，以手套擋下對手的出拳一樣，都是非常冒險的動作。最重要的應該是一開始就閃避，不讓對方的拳打在自己身上。

舉例來說，假設對方故意使用「呿！真是沒用的傢伙」等挑釁字眼時，最好別反射性地以「你說什麼！有種再說一次！」反擊，可以若無其事地說：「咦？我沒聽清楚，你可以再說一次嗎？」通常聽到這樣的回答，挑釁的那一方也不會再重複一次，因為這時再清楚地說出來的話就會顯得有些尷尬。如此一來，就能化解掉此次的衝突。

若對方還是不死心地繼續出言不遜，那就是有意為之的騷擾行為。當對方出現霸凌、職權騷擾等直接性的攻擊，就必須與對方保持距離，採取必要的措施。繼續忍受對方的言語攻擊可能會讓自己的身心不堪負荷，是非常危險的事情。

在日常生活中，**只要能夠做到傾聽對方的心聲，以傾聽去理解、感受對方的心情，基本上就能大幅減少紛爭的發生。人都是這樣，只要對方願意傾聽、理解自己，我們就會卸下自己的心防**。總是開口批評別人的人大多都是不幸又孤獨的人吧。

別開口攻擊，要側耳傾聽！

48 用五感去感受對方

在體諒對方心情時，一開始要做的就是度測，也就是仔細觀察。

在我剛成為諮商師時，一位前輩跟我說：「絕對不可以一開始就用電話進行諮商，你一定要直接去跟對方見面，連對方的呼吸都不去感受的話，你怎麼可能了解對方的心情。」

那麼，如果一個人明顯欠缺察言觀色的能力，又會是如何呢？

《不會切蛋糕的犯罪少年》的作者宮口幸治以兒童精神科醫師的身分前進少年與許多犯罪少年接觸。在與他們接觸的過程中，他曾詢問他們：「你覺得自己最不擅長什麼事？」每個人都是回答「讀書」與「跟人溝通」。

宮口先生在他的著作中提到這些犯罪少年的共通點是認知功能不全。

看不懂……無法從對方的表情等等察覺對方的情緒，做出不適當的發言、行動

聽不懂……聽不懂對方說什麼，跟不上別人的話

想像力差……沒辦法想像對方的立場，惹對方不悅

像這樣看不懂、聽不懂又沒有想像力的人，就沒辦法與他人建立起良好的人際關係。

《不會切蛋糕的犯罪少年》中的登場人物因為看不懂別人的表情，只是目光相接就以為對方在瞪他，而與人發生衝突；因為聽不懂別人說的話，以為別人的自言自語就是在說他的壞話，所以引發紛爭；因為想像力太差，所以難以為將來設定目標並付出努力。也因為想像力太差，不懂得別人的辛苦，所以就算是別人努力存錢才買下的物品，也會不以為然地偷走等等，出現諸如此類的行為。

宮口先生所說的「想像力」就是傾聽所強調的**共情能力**。假如他們具備想像力，去想像別人為了買一輛腳踏車而打工賺錢多麼辛苦，那麼就能產生「我要是偷走他的車，他一定會很難過，因為換成是我肯定也是一樣」的想法，跟別人的心情產生共鳴。但是，人一旦認知功能不全的話，內心就不會出現「我很想要腳踏車，但是偷竊是不對的行為」的矛盾。人都是因為有心理矛盾，才會修正自己的想法、行為，讓自己有所成長。

透過五個感官去感受對方的心情，是生活在現代社會裡的我們必須具備的能力。只有具備這種能力，我們才不會永遠只考慮自己，而是能夠掌握現況，想像對方立場並為他人著想，並且採取適合的行動。

鍛鍊你的五感！

49
別對別人妄下評論

我們既不是算命師，也沒有超能力，當然沒辦法完全猜中對方心裡的想法。所以，當你想要把自己的想法傳達給對方時，最好不要使用論斷的語氣，而是要直率地以我訊息（以我為主詞的說話方式）將自己的感覺傳達給對方，才不會讓對方有種被強迫接受的感覺。

《**你訊息**（以你為主詞的說話方式）》

・「（你）不早一點把報告交來，我會很困擾耶！」

・「你真的是個很尖酸刻薄的人耶」

《**我訊息**（以我為主詞的說話方式）》

・「（我）要是早一點拿到報告的話，應該就派得上用場了」

・「（我）感覺剛剛這句話很傷人，聽了很難受……」

你訊息帶有很強烈的主觀斷定，聽起來就像是在批評對方一樣。

反之，我訊息就是單純地傳達出自己的感想而已。**善用我訊息的話，我們就能在顧慮對方感受的情況下傳達出自己的感想**。

之前就算癌症復發，病情不是很理想時，我還是盡量照著平時的步調在生活。這時，我就會收到很多人的你訊息，像是：「你真的是很堅強呢」、「就算變成了這樣，你也沒有因此灰心喪志耶！」等等。我知道對方當然都沒有惡意，是為了鼓勵我才這麼說。

不過，當我聽到這些話的時候，不免還是會覺得：「你們一點都不明白我的情況……」有的人會唉聲歎氣，別人一聽就明白他的心情不好；而有的人則是相反，不會輕易地讓別人知道。一般人知道自己癌症復發都會覺得遭受打擊，我當然也不例外。我那時的感想是：「我才不堅強呢……」、「你怎麼會覺得有人遇到這種狀況不會心情低落呢？我只不過是沒有表現出來而已。」

跟別人說話時別輕易使用這種片面斷定的口氣說話，只要以訊息單純地表達出自己的感想，例如：「我覺得你是個很堅強的人」、「遇到這樣的情況，你不會感到沮喪嗎？我覺得你真的很厲害」等等，聽起來才會讓人覺得受到尊重，也不會傷害到對方的心。

聽到別人以你訊息的方式強迫接受自己不這麼認為的事情時，我們都會覺得這麼說的人一點都不了解自己，感到非常失望。

使用我訊息傳達自己的感想！

50「生氣」的背後是「期待」

在使用以「我」為主詞的我訊息表達自己的想法時，雖然比你訊息（以你為主詞的說話方式）婉轉一些，不會有那麼強烈的主觀判斷，但還是有些部分要注意。

女朋友：「我一看到不守時的你，就會覺得心情煩躁，所以請你之後務必守時。」

上司：「你交給我的資料都沒錯，我真是要謝天謝地了……」

以上這兩個例子的表達確實比你訊息柔和，但對方聽了以後就會多加注意嗎？會不會覺得對方在責怪自己呢？

這兩個例子其實都是直接將自己的憤怒情緒傳達給對方的我訊息。所以，對方就會有種受到批評的感覺。

在心理學中，**憤怒被稱為二次情緒**。那麼，一次情緒又是什麼呢？

一次情緒是「期待」。抱持期待卻遭到對方的背叛，這時就會令人產生憤怒的情緒。因此，**在傳達我訊息的時候不需要帶著二次情緒的「憤怒」，而是要把重點放在一次情緒，也就是自己的「期待」，讓對方了解你真正的想法其實是有所期待**。

女朋友：「你每次約會遲到，我都會有點難過，心想是不是你不想跟我見面才這樣。如果你可以準時來的話，我肯定會覺得安心。」

上司：「我很看好你，期待你有朝一日成為一個好主管。所以，我請你再檢查資料，是希望你可以好好確認一下有沒有錯。」

換成用這樣的方式說話，對方聽了以後也許就會提醒自己下次別再這樣，才能回應對方的期待呢。

把自己的一次情緒——期待，明明白白地傳達給對方知道，對方的心也會受到感動。

對別人感到憤怒時，就要釐清自己的真正想法，問一問自己：「我到底是期待他做什麼？」

想要將自己的想法傳達給對方時，最重要的其實是先傾聽並且整理好自己內心真正的感受。

要傳達的是期待不是憤怒！

51 Be比Do更重要

聽別人說話時該怎麼開口提問，取決於你是否只看到對方的Do（言行舉止），還是也會看到對方的Be（為人處世）。

Do（言行舉止）：行對、行為、所作所為、物理上的事物、眼睛可見的事物

Be（為人處世）：自己想成為什麼樣的人及擁有什麼樣的人生、思維、心態、精神上的事物、眼睛不可見的事物

Do的部分容易以語言的形式顯現在交談之中，然而Be的部分通常都不太容易以語言的形式顯現。

因為Be的部分是觸碰到內心深處的事物，而我們則會無意識地將Be的部分藏在內心深處，才不會讓自己為了別人傷心。例如：

A女士：「當初我在懷孕的時候，我的婆婆什麼事都沒為我做，所以我就希望自己能在媳婦懷孕時多少盡一份心力。我覺得我幫忙做了不少的事，媳婦也覺得很開心，可是兒子卻嫌我多管閒事……想想就覺得難過。」

我：「這肯定很難過啊，妳一定是希望自己能夠成為別人的助力，對吧？」

A女士：「沒錯，真的就是這樣（低頭拭淚）。」

A女士說的是兒子嫌她多管閒事的事，屬於行為層次的Do的部分。不過，我告訴A女士的，則是A女士心中所想的「想成為他人的助力」，是A女士的Be的部分。

當別人更深入地聽到了Be的部分，而不是只聽到Do的部份時，我們就會感覺到「自己被人理解、被人接納」。

那麼，若要感受到無法顯現於言語之中的Be部分，最要緊的是什麼呢？

那就是我們在傾聽對方說話時，必須意識到以下這兩點。

- **他這輩子想成為什麼樣的人？**
- **他過上了自己想要的人生嗎？**

一定要像這樣**意識到對方的Be部分，想一想從言語上看不出來的「他真正想要做的是什麼」、「他希望自己是什麼樣的人」**。

從對方的行動想像對方的為人行事！

52 了解對方的核心

箕輪厚介先生是日本出版社幻冬舍的編輯，他負責過的書籍有：堀江貴文的《多動力就是你的富能力》以及前田裕二的《筆記的魔力》等等，據說箕輪先生在做書時都會非常用心地去探究作者的「核心＝本質」。

探究對方的本質也就是傾聽對方的主訴（最想表達的事情），並且從中找出對方的Ｂｅ（為人處世）。

問到關於製作YouTube、電視等免費收看的媒體與製作書籍的不同之處，箕輪先生說：「書要賣得好，你就要讓讀者覺得花錢買這本書真的可以改變自己的人生。會去書店並消費１５００日圓買書的人基本上都具備閱讀素養，他們都是聰明人，所以不會購買沒有意義及價值的書籍。做YouTube的影音、電視上的節目主要追求華麗的視覺效果，做書則要去挖掘出好的作者，是一件非常耗時的作業。不過，書會呈現出作者的核心，通常也是人類的本質，所以基本上會跟多數人的煩惱相通。這就是一本暢銷書的關鍵。」

我想，箕輪先生也許沒有接受過傾聽的訓練，**但因為他懂得要去了解對方的核心，也就**

是對方的本質＝Be的部分，所以就算他不曉得「要重覆與情緒相關的關鍵字」等等的傾聽技巧，他也能敏銳地察覺到對方言語之中與情緒相關的關鍵字

箕輪先生也曾負責過日本搞笑藝人加藤浩次的著作，他在採訪加藤浩次時曾詢問：「加藤先生是怎麼讓自己這麼帥氣有魅力呢？」加藤浩次回答：「我平常不太跟其他藝人一起去喝酒，通常去這種場子不就是為了拿到工作嗎？我覺得那樣做不太體面了。」箕輪先生便發現加藤浩次經常說「覺得不太體面」。

箕輪先生表示，他發現「努力克制自己不做出有失體面的事」就是加藤浩次的核心。假如他在採訪時並未想著要發現加藤先生的核心，那麼他也不會在與訪問的過程中察覺對方經常出現「覺得不太體面」的情緒關鍵字。

箕輪先生本身也記起了成功及失敗的經驗，好讓他能夠與對方的心情產生共鳴。

當有人能與自己的心情產生共鳴，並認真了解自己是個怎樣的人、人生中最重視的是什麼，任誰都會願意與這樣的人暢談，不是嗎？

這是採訪的終極意義，也是傾聽的本質。

傾聽時要注意對方最重要的人生觀是什麼！

53 當自己的最強智囊

你知道自己平常最常交談的對象是誰嗎？

其實，我們最常交談的對象就是自己。有人說，人每天自我對話的次數大約是5萬次以上。

具備優秀的傾聽能力不只可以幫助自己了解對方，也能讓我們更加了解自己。只要更進一步地自我洞察，我們就能幫助自己做出內心真正想要的選擇，也會減少陷入自我貶低、自我厭惡等情緒。因為，自我洞察力的提升能讓我們去感受並理解自己的內心，以肯定的方式去對自己提問。

我有一位朋友也學過教練式領導，我們曾聊到關於為什麼人會被某些事情惹怒，他說：「我的身材也不算瘦，不過就算聽到別人說我是豬，我也不會覺得怎樣。但是，我很討厭別人說我是個歐巴桑。所以，我知道問題在我自己身上。」

同樣是批評的話，反應卻截然不同，其實就只是因為我們覺得刺耳的那些話都是自己在意的事，或是與自己的情結有關的事。如果是自己一點都不在意的事情，那麼就算別人使用再難聽的字眼，我們的內心也是毫無波瀾。假如自我洞察力還不夠深，我們就只會去批評對方：「你不覺得叫別人歐巴桑很沒禮貌嗎？」我這位朋友之所以說問題在於他自己，正因為他平時便透過教練式領導等方式提升自我對話的能力，也就是讓他擁有強大的傾聽能力去傾聽自己。

「為什麼我聽到這些話就會生氣？」

「我的價值觀究竟是什麼，才會讓我對別人說的話有所反應？」

「我覺得聽得刺耳的話跟我聽了不覺得刺耳的話到底差在哪裡？」

覺得自己被激怒時要對自己提出深入內心的問題，我們才能自我觀察及反省自己，而不是罵完對方就讓這件事情過去。

學會傾聽不只能拉近自己與對方的心理距離，也能讓自己更貼近自己的心。如此一來，我們才會進一步地自我觀察及反省，找到自己的價值觀，並且學會掌控自己的情緒。

不論是別人還是自己，一樣都是人，都擁有情緒，都擁有自我實現的需求。

側耳傾聽自己內心的聲音！

54 傾聽不必24小時無休

長時間聽對方訴說或與對方長時間通話，有時也會讓你覺得困擾嗎？

當你傾聽的能力提升以後，也許就會有更多人想要找你聊天，「我想跟你見個面！」、「我想要跟你聊聊」的請求如雪片般飛來，你在別人心中的好感度也會比你想像的還要高。

這代表你對他人的影響力變大了，但是相反地也會帶一些困擾。

・要花很多時間聽別人訴說煩惱及心聲
・別人會寫下一大篇內容向你諮詢意見
・受眾人喜愛就代表就連你無意深交的人也可能想約你見面聊天（※有時也可能一直糾纏著你）

諸如此類的情況都有可能發生。

某個企業的主管跟我說：「每次在半夜看到下屬打電話來，我其實都不太想接電話。可是，你若是不接起電話聽聽他們要說什麼，又可能間接導致他們離職，所以怎樣都得接電話……」

對方有事情打來拜託倒是無所謂，只是半夜還要接聽電話，或是對方一直在電話那端講個不停時，就會讓人覺得心力交瘁。

盡自己所能與勉強自己是兩回事。把自己一天24個小時都奉獻給別人只是在消耗自己的精神與能量。所以，給自己設定好界線，讓自己無負擔地傾聽別人說話也是有其必要的。

- 「談個一小時的話，我可以聽你說說」告知對方時間限制
- 「我今天很累，明天再跟你聊好嗎？」拒絕對方
- 「下次見面時我再聽你說」如果是寫信，就言簡意賅地指出對方的困擾之處

像這樣幫自己設下一些界線，也是保護自己的必要手段。

心理學認為人的心理狀態會影響到自己的表現。因此，幫自己設下明確的界線，打理好自己的狀態以後，我們才能無負擔地去傾聽別人說話。

畫好界線，打理好自己的狀態！

第 5 章

增進提問技巧的方式 篇

55 對話從打開接收天線開始

有些人剛開始在學習教練式領導等技巧時，都會覺得提問是對話中最重要的部分，也有不少人特意為此購買教練式領導的問答集。不過，這樣做並不能真正運用所學。

掌握對話的本質非常重要，傾聽的重點大致而言有2點。

①掌握主訴（理解對方想說的事情是什麼）

②提問的內容要讓對方覺得開心

任誰都希望得到他人理解，並且不願對否定自己的人敞開心扉。因此，諮商非常重視接納與共情，傾聽更要體察對方的心情。這就是建立投契關係（信任關係）的基礎。

而且，人只要心情好的話，表現也會跟著變好。所以，只要對方說話或提問的方式讓我們聽起來覺得舒服的話，我們就會想要跟這個人多聊聊。

我們的心情好的話，也許就會改變心意買下原本不打算買的商品。頂尖業務員或頂尖銷售員都擅長提出讓客戶及客人聽了會高興的問題。

那我們應該怎麼做才能掌握對方的主訴呢？

首先要做的就是仔細觀察對方。**眼睛一定要看著對方，這樣才能夠從對方的表情及態度發現對方未說出口的心情**。

我認識一位頂尖的業務員，有時我只是稍微把袖子往上捲，他就會立刻開口詢問：「太熱了嗎？」並且調整空調的溫度。假如他並未看著別人的話，那麼不管是肉眼可見的態度還是肉眼不可見的內心狀態，他都沒有辦法在第一時間掌握。

當初我在學習諮商時，曾聽講師說：「有人說在練習傾聽時只能花3分鐘掌握主訴是在強人所難，但我認為聽了3分鐘還掌握不到主訴的人，就算給他們30分鐘的時間，他們依然不可能抓到對方的主訴。」

現在的我明白了這句話，意思是假如我們不在對方開口說話的那一刻就打開天線，以認真無比的態度去傾聽對方說話，問一問自己：「對方想說的話是什麼？」那麼不管對方說了再久，我們一樣掌握不到對方的主訴。而且，如果我們不認真地看著對方，從對方的言談及行動察覺對方所重視的，那我們提出的問題就不可能會讓對方聽了覺得開心。因此，最重要的就是要隨時將關心的箭頭朝向別人。

抓住對方的主訴，
要提出能讓對方心情變好的問題！

56 提問力與關心程度成正比

不少人都有「不知道要跟別人聊什麼才好」的煩惱。

真正的解決辦法不是拼命地找話題，而是用心傾聽對方說話。

如果要讓對方聊得開心又願意說出真心話，那麼你就必須具備精準的提問力，也就是提出對方希望你開口發問的問題。

因此，**交談時一定要關切及注意對方，才能讓你提出最強而有力的問題。**

否則，你就只會說出一些可有可無又平淡無奇的問題。

例如：「最近天氣真熱，你會不會覺得懶洋洋的？」關於天氣的話題，或是「最近的新冠確診案例又增加了」等時事話題，都屬於可有可無的問題。交談時只會問這些問題的話，就沒那麼容易掌握對方的心思。

相反地，如果是懂得關心對方的人或是平時經常與對方見面的人，就會發覺對方的變化。外表的變化是最容易察覺的，例如：「你是不是換了髮型？」、「平時很少看你打這條領帶耶！」等等，只要開口問對方，還能從對方的語氣關心對方的狀況等等，例如：「你的聲音聽起來很沒精神，發生什麼事了嗎？」

也可以根據談話的內容，一邊提問一邊慰問對方，例如：「已經開始新的項目了嗎？會不會很辛苦啊？」

即使與對方第一次見面，還是可以在交換名片時提出一些跟對方有關的問題，例如：「我第一次見到您這個姓氏，您的姓氏好像很少見呢！」

在交談過程中**將提問的焦點放在對方身上，對方才會更容易感受到你對他的關心**。人通常都會對關心自己的人抱持好感。因為不管是誰，最關心的對象肯定都是自己。

你想讓對話熱絡起來的話，那你只需要釋出關心對方的訊號（將關心的箭頭朝向對方），不必拼命準備一大堆的時事議題或新奇的話題。一定要將關心的箭頭朝向對方，否則你就無法提出強而有力的問題或對方感興趣的話題。

將提問的焦點放在對方身上！

57 要提問，不要命令

A：「我的會議簡報都做得很好。」

B：「我以前很不會做會議簡報……」

你覺得一般人聽到像A這樣的說話方式，會不會心想：「這麼厲害？那就讓我看看你的本事！」想確認究竟是不是這麼一回事呢？

另一方面，聽到B這麼說，會不會覺得：「你說以前很不會，所以現在很厲害囉？」聽者都會自行填補交談中的空白部分，也就是自行想像對方未提及的現在狀況。人都會更於傾向自己將空白的部分填補起來。

別人的提問會讓我們的腦袋形成空白（也就是不曉得），而我們則會持續尋找能夠填補這些空白的答案。

而且，**人通常都不喜歡別人對自己指手畫腳，喜歡按照自己得到的答案來行動**。

在教練式領導中，當教練要輔導客戶達成目標時，教練做的不是給予客戶「你要瘦下來的話，每天就做個30次的腹部訓練吧」的指示，而是反問客戶：「你能夠為瘦身做哪些努力呢？」促使客戶自己思考出問題的答案，例如：「嗯～每天做30下的腹部訓練應該沒問題，那我就來做腹部訓練吧！」正因為答案是自己想出來的，不是別人給的，我們才會自動自發地行動，努力去達成自己的目標。

假如上司對下屬、父母對孩子如果都是單方面給予答案、下達行動指令，那麼下屬與孩子就會變成一個不會自主思考，只會依賴別人給予指令及答案的人。他們會一直覺得自己都是被逼的，問他們為什麼這麼做，他們的回答都是「別人叫我這樣做，我就這麼做」。就算是別人的建議跟指令，但其實最後選擇這麼做的人還是自己，所以都是自己的責任。

以為自己是為了別人著想便開口指揮別人怎麼做，只會讓對方覺得「自己有種被逼的感覺」，沒有辦法培養出對方的積極性與獨立性，所以一定要透過提問的方式促使對方充分思考，讓對方感覺到「這是我自己的選擇」。蘇格拉里也說過：「提問遠比給答案更有效。」

用提問提升獨立性！

58 開放式問題與封閉式問題

擅長聊天的人都懂得視情況使用「開放式問題」與「封閉式問題」。「您採購的商品目前的狀況還好嗎？」、「冒昧請問您為何改變心意了呢？」等**無法以YES／NO回答的自由回答形式問題，就是開放式問題**。**這種提問的好處在於對方無法只用一句話表達自己的心情以及真正的想法，必須要多說幾句才能回答清楚，所以能夠讓提問者獲得更多的訊息**。

不過，也因為開放式問題的回答範圍太大，有時對方可能會覺得難以回答，結果造成對方的心理負擔。這時，就必須做出一些調整，例如：針對問題舉例說明，讓對方有個大概的回答範圍。

例如：「你在人際溝通方面有什麼困擾嗎？」就屬於開放式問題，但因為可回答的範圍太大，對方也許很難回答清楚。所以這時就要舉例說明，改成「你在人際溝通方面有什麼困擾嗎？例如：跟沒見過的人見面時就會緊張、不知道怎麼訓斥部下等等」。懂得像這樣調整提問內容的人就會是一個擅長與人聊天的人。

我有一位前輩也是諮商師，曾經輔導過緘默兒（在特定場合中不願開口說話的兒童）。

在跟這些選擇性緘默的兒童交談時，封閉式問題就會是更有效的提問方式。因為這種提問只要使用ＹＥＳ／ＮＯ就能回答，所以就算他們不願開口，也能用點頭表示ＹＥＳ、搖頭表示ＮＯ的方式來回答，抗拒開口說話的兒童比較不會感到負擔，會更願意回答問題。

跟人談論工作也一樣，「您有沒有忘了帶走東西？」、「請問您這次是否考慮引進機械？」等等的問題**則屬於封閉式問題，不但可以快速地得到對方的回答，不愛說話的人也比較好開口說話**。

單刀直入提出「請問您目前買車了嗎？」、「請問您已經到別家店看過了嗎？」等問題雖然能獲得自己想要的資訊，但是接二連三的封閉式問題也會讓對方覺得好像在被審問一樣，因此一定要注意提問時的表情以及問題的間隔。

此外，封閉式問題還有個缺點，那就是問題已限制了回答的範圍，所以就無法獲得該問題以外的其他訊息，難以擴展交談的內容。

視對方的心理負擔程度採用不同的提問形式！

59 以最短的時間聽見對方的真實想法

視對方的思考深度使用開放式問題或封閉式問題，擴大或縮小回答的範圍，可以讓我們用更短的時間聽到對方的真實想法。

例如：在應屆畢業生的職涯諮商過程中，請學生根據「你在學生時代做過什麼努力？」的問題進行自我推薦時，對象如果是自我洞察力強的學生，那麼只要接著提出「為什麼你會想要這麼做？」等開放式問題，就能清楚了解他們的長處所在。

另一方面，如果是不習慣自我洞察的學生，通常只會回答：「我沒有特別做過什麼努力……」因此，這時應該先使用封閉式問題，例如：「你打過工嗎？」、「大學加入社團了嗎？」等等。封閉式問題使用YES或NO即可回答，比較不會造成對方的心理負擔。

接著，再以指定某情境的開放式問題請對方回想自己打工時的狀況，例如：「你到打工地點之後，第一件事情會先做什麼？一天的工作流程是什麼？」等等。最後，再提出「那時你會特別注意哪些事情？」等問題，請他們回答自己會特別留意哪些部分。

不管是誰都會大致記得平時的行動，所以只要先讓他們回想起行動，就能夠進一步引導

他們說出自己的想法，例如：為什麼要這麼做的動機或目的等等。

一般人在進行自我推薦時，順序通常都是①想法（我為什麼想做？）→②行動（怎麼去做、做了什麼努力？）→③心得感想（行動以後的感想），不過在大部分的情況下，其實要先回想起②才會喚醒關於①及③的記憶。

工作方面也是一樣，**只要一邊調整問題的回答範圍，一邊持續提出問題，就能讓對方更容易回答，而我們則能在最短的時間內聽到對方的真實想法**。例如：先使用封閉式問題問對方：「最近真的很熱耶！你們在現場的人員做了防中暑措施嗎？」接著才用開放式問題詢問：「那你們具體做了哪些措施？」一定要先提出比較容易回答的問題，例如：對方一聽就能回答的問題、實際看得到的行動層面的問題等等，才能接著提出更深入的問題，讓對方思考自己平時未意識的部分，例如：想法、詳細的內容等等。

調整回答的範圍，讓對方比較容易回答！

60 聊對方想聊的事情

你平時在跟別人交談時，會不會盡量聊對方想說的事，而不是一直聊你想說的事呢？

在諮商與教練式領導的世界裡，**「聊對方想說的事，而不是自己想說的事」**是最基本的觀念。若要做到這一點，就必須去察覺對方想說的事情是什麼，並以此為提問的方向。**要思考對方關心及在意的事情是什麼，將關心的箭頭朝向對方**。

以下的提問方法可以讓我們探知對方關心的事情是什麼。

第一個是**根據對方之前提過的事進行提問**。

若曾聽對方提及「孫子今年上小學了」等等，就可以試著問對方：「您孫子最近上學的狀況還好嗎？」

另外，**根據對方的現況提問**也是很不錯的方式。例如：對於認真工作的人可以問他們：「最近工作還忙碌嗎？」面對在育兒路上奔波忙碌的人，則可以問問對方：「孩子長大了呢！養育孩子很不容易吧？」等等。

在商業活動上，若是收到來自顧客有關商品、服務的洽詢，表示「想要添購新產品」等等的話，那麼就可以**針對商品或服務的不便之處等使用心得進行提問**，詢問對方：「請問您覺得之前使用的產品是否有不好使用的部分呢？」

好的待客方式才能讓客人再度上門。一位擅長待客的美髮師曾跟我說：「客人常說很難跟我閒聊。」這是因為美髮師在跟客人聊天時，都是拿自己有興趣的問題去問客人，而不是聊顧客想說的事情。日本的美髮院通常都會請顧客先填寫意見調查表，所以如果美髮院能在意見調查表上增設一些問題，例如：關於頭髮的煩惱、經常看的雜誌、喜歡的諧星、個人嗜好等等，讓美髮師先了解客人的煩惱及興趣所在，這樣在閒聊時才能找到更適合的話題。

與其像個無頭蒼蠅一樣尋找聊天話題，不如先了解對方有興趣、在意的事再跟對方聊天，才能讓對話更加熱絡，也比較不會聊錯話，惹對方不開心。

若要讓對方開口聊你想要講的事情，就必須先問問對方感興趣的事情。

要問對方在意的事情！

61 把意見表達翻譯成事實陳述

你覺得以下的陳述是事實還是意見？

【例①】 下屬對上司說：「那個工讀生常常翹班，提醒他好幾次了，他也沒有反省的意思，請您把他開除吧！」

【例②】 學生對老師說：「老師，大家都討厭我……」

對於當事者來說肯定都是事實，他們本人的感覺就是如此。

不過，以上其實都是在表達個人意見。**人本來就是更擅長表達意見而不是陳述事實。**

事實陳述……客觀的內容，任何人在任何時空之下都會做出同樣的陳述

意見表達……主觀的內容，表達因人而異

例如：「好大顆的球」屬於意見表達，「直徑10分的球」則屬於事實陳述。像這樣能夠測量、不論在哪個時空、由任何人測量都會得到同樣答案，就屬於事實陳述。在人際溝通的過程中，一旦換了其他人、換了時空背景，基本上就不可能出現同樣的陳述，所以才會說大多數的人都不是陳述事實，而是表達意見。因此，我們在聽對方說話時**就必須將對方的**

意見表達翻譯為事實陳述。這時懂得ＮＬＰ心理學的後設語言模式便能派上用場。使用後設語言模式的目的在於①收集資訊、②使意思具體化、③發現限制、④擴大選項。後設語言模式可以讓我們脫離個人成見導致的思考停止狀態。

後設語言模式有三個類型，分別是「一般化」、「扭曲」及「刪減」。「一般化」指的是不考慮例外或其他可能性，以少數的情形強行概括整體。「每次都○○」、「大家都○○」都是代表性的一般化表達。

在例①的情況下，我們就可以使用「你說他常翹班，那你可以具體說一說他蹺班的時間以及頻率嗎？」的問句，請對方將原來的內容具體化，藉此獲得更多資訊並釐清事實。

在例②的情況下，則可以問對方：「你說的『大家』有哪些人呢？」如此一來，也許就會發現其實只有2、3個人欺負他，「並非所有人都討厭他」才是事實。這時最重要的是接納對方表達的意見，告訴對方：「我知道你覺得自己被討厭了。」不必懷疑對方的意見，也急著不用找出真相。如此一來，對方也會覺得自己的心情受到同理，才能做更深入的自我洞察。

找出例外並拓展可能性！

62 用提問消除對方的不安

「我很擔心錢的問題……」也是許多人前來諮商的煩惱之一。

許多人都有說不上來的不安，但在表達時都會「刪減」具體上究竟是如何不安。由於不清楚這股不安究竟是為何，就會覺得不安像一面高牆，帶給他們沉重的壓迫感。

這時，我就會問對方：「請問你可以詳細告訴我是哪方面的問題讓你呢？」

對方如果回答：「我現在自己開店做生意，也存了一點錢。不過，我不曉得現在賺這些錢夠不夠我們夫妻老了以後使用……」我便知道對方並不是煩惱當下的資金周轉，而是在擔心將來的生活費用。

對方將自己的問題具體化以後，我便請他找理財專員討論，當他知道只要自己維持現在的狀態繼續工作與儲蓄，即使60歲就退休，存款及年金也足夠他們夫妻使用，便打消了心中的不安。

我們要做的不是繼續放大對方的不安，而是將不安具體化。

使用後設語言模式的提問可以有效還原許多經過「刪減」的煩惱敘述，例如：

煩惱	提問
我是個很差勁的人（深陷在自己的成見之中）	跟誰比？
不用看也知道我會很悲慘（非常斷定，感覺沒有其他結果）	有什麼根據？
我們的夫妻關係出現問題（固定化的表達方式，感覺無法解決）	什麼樣的問題？

藉由提問讓對方去面對刪減掉的資訊，有時他們就會清楚原來自己不必為此煩惱，也會去思考要如何解決問題。

藉由提問蒐集資訊，找到解決的線索！

63 用提問幫對方打破成見

「最近我男朋友愈來愈少跟我聯絡，他肯定已經不想跟我在一起了……」

這是後設語言模式分類中的「扭曲」，對方減少聯絡說不定只是因為太忙碌罷了。

「扭曲」指的是不去整理資訊，只用自己的臆測去解釋發生的事情。

A說：「工作時笑嘻嘻的人都是不認真的人，我絕對不能接受。」A的表達其實也是屬於「扭曲」的表達。沒有證據可以證明「笑嘻嘻＝不認真」的等式成立，反而有些人認為帶著笑容工作的人更能在職場上與他人順利溝通，提升工作效率。像這樣對於沒有因果關係的事物抱持成見並扭曲事實的情況其實並不少見。

「扭曲」也可以稱為偏見、個人臆測。當對方由於偏見及臆測造成不開心或思考停止，沒辦法進一步解決問題時，我們就可以透過後設語言模式的提問來提醒對方。以下是有效還原「扭曲」表達的提問範例。

例如：前述的A正因為對於工作抱持強烈的「人在工作時就應該認真無比、全力以赴」

價值觀，才會衍生出「工作笑嘻嘻的人就是不認真」的「扭曲」看法。而認為「最近的年輕人都太軟弱，真是讓人傷腦筋」的人則可能是以「年輕人就應該要力求上進」為前提或擁有這樣的價值觀。**信念及價值觀可以給人帶來動力及激勵，但同時也會限制人的想法**。透過適當的提問讓對方擺脫思想的限制，也許就能夠解決對方的困擾。

煩惱	提問
最近的年輕人都很沒用，讓人傷腦筋（以某個想法為前提）	你為什麼會這麼認為？
工作時笑嘻嘻的人都不認真，一點都沒有用（將『X：笑』與『Y：不認真』畫上等號）	為什麼你認為X就等於Y？
聯絡次數變少是因為他不愛我了（臆測）	你怎麼知道是這樣呢？

讓對方打破成見！

64 讓人感到壓迫的問題導向過去型提問

下屬：「不好意思，我遲到了。」

上司：「你為什麼會遲到呢？」

女朋友：「我又忘記帶鑰匙了。」

男朋友：「也就是說你又犯同樣的錯囉？」

你也會對別人問類似的問題嗎？這些問題都稱為「問題導向過去型的提問」。

我們會忍不住就問對方：「為什麼？」而這個「為什麼？」就是針對過去的事提問。

心理學認為**「過去的事以及別人都不能改變」**。**人都有保護自己的安全需求，一旦被逼問無法改變的過去事實時，就會開始找藉口或理由搪塞**。

心理治療師史蒂芬・史汀哲說：「圍繞問題的溝通只會讓問題繼續，圍繞解決的溝通才會讓問題得到解決。」

換言之，**在解決問題時，追究原因並沒有意義**。

當然了，如果是車輛或飛機等機械發生故障的情況，絕對要查明故障原因。因為若是未追究故障原因並且著手改善，則有可能釀成重大事故。

不過，**在處理人際關係的問題時若是執著於追究原因，我們就會變成開始找戰犯，只會去想：「這是誰的錯？」**

職場有時也會出現互相推卸責任的情況，像是管理階級的人指責工人：「這些工人做事情都隨心所欲，是他們的錯！」而工人則抗議管理階級：「他們這些坐辦公室的人也沒通知我們，就要求我們做這麼無理的事情，是他們的錯！」即使他們弄清楚原因所在，大部分的人最後還是不會去思考：「今後應該怎麼做才好？」依然未提出解決辦法。

這樣只會讓人失去工作的動力，問題也未得到解決。

羅樂德是一位教育學家，她花了40年以上的時間在研究家庭關係，同時也是一名暢銷作家。她說：「孩子在批評之下成長，就會習慣去責怪他人。」也許就像羅樂德說的一樣，我們都太習慣去責怪他人。

現在改變自己還不算晚，試著練習讓自己不再一開口就是「為什麼」吧。

別再一開口就是「為什麼」！

65 讓人產生動力的解決導向未來型提問

A：「為什麼同樣的錯誤會一再發生？」

B：「要怎麼做才不會重蹈覆轍？」

在會議上討論問題A時，你會有什麼感覺？是不是會覺得有點鬱悶？這樣的問題就是我在前一節介紹的「問題導向過去型的提問」。另一方面，問題B則是「解決導向未來型的提問」，這種提問方式比較不會讓參與討論的人感到負擔。解決導向未來型的提問是針對時間軸上的未來，聚焦在未來的解決辦法。

在過去、現在及未來構成的時間軸上，你覺得人們針對哪一個時間點進行思考，才是最有彈性、最自由的呢？

過去發生的事已經無法改變，現在則是問題發生的當下，心情會受到影響，思緒也容易受限。

也就是說，**針對未來的事才能讓我們的思考不受任何限制**。

因此，**將焦點放在時間軸上的未來，提出解決導向的問題，才有助於更好地解決問題**。

「應該怎麼做才能推動這個項目？」、「你的課題到目前為止已經做了多少？」、「你想試試看哪些方式幫助自己瘦下來？」、「到目前為止有沒有已經見效的方法？」

這些都是解決導向未來型的提問。

問題導向過去型的提問會讓人感覺被責備，導致「我肯定做不到」的否定感愈來愈強烈，抗拒採取行動。

解決導向未來型的提問則會提升對於自己的肯定感，覺得：「只要我去試，也許我也做得到！」讓人想要試著去挑戰。

假如提問的方式無法讓對方覺得自己也許做得到的話，那麼對方就不可能湧現行動的意願。

行動才能改變現狀，是否採取行動則取決於人的意願。因此，不妨試著使用解決導向未來型的提問讓對方覺得自己做得到，幫助他們產生行動力。

提問的方式讓對方覺得：「我也做得到！」

66 把「辦不到」變成「辦得到」的提問法

「我沒有辦法……」

「這種事情我做不到……」

「這對我來說太難了……」

你的身邊也有人像這樣掉進「我做不到」的思維框架，陷入思考停止的狀態嗎？

如果是你，你會用什麼樣的方式跟他們交談呢？

在某部外國電影中，主角想請對方做某件事，而對方表示：「我真的辦不到。」於是主角問他：「假如你真的做得到呢？」直到對方心想：「或許我真的做得到吧？」最後，主角又向對方表達他的認同，告訴對方：「我相信如果是你就一定沒問題！」而對方也終於答應主角的請託。

使用「假如真的～的話呢？」的提問方式可以讓人擺脫自我限制的框架，從不同的觀點去思考事物的可能性，ＮＬＰ心理學稱之為「假設框架」。

運用「假設框架」的重點在於消除對方感受的壓力，從而建立起溝通，主要使用「假

如」、「如果」、「假設」等詞彙。

「如果你要自己創業，你覺得一年後的你會是怎樣呢？」

「假設是你尊敬的前輩遇到這個問題，你覺得他會怎麼解決？」

「假如對方答應跟你交往，你的心情會是如何？」

使用這樣的方式讓人去想像成功以後的樣子，他們就可以去探索新的觀點或可能性。

發表相對論並推翻既有科學常識的愛因斯坦說：「用製造問題的腦筋去解決問題是行不通的。」

對方若繼續抱持「我做不到」的自我侷限想法，那麼不管我們再怎麼跟他們對話，他們只會一直用各種理由告訴你為什麼他們做不到，這樣一來就會讓他們愈來愈覺得自己真的做不到。若要打破對話的僵局，最重要的就是要讓對方從「我做不到」的思維框架跳到「也許我做得到」的思維框架。

「說不定可以」的假設語氣可以緩解人們的不安，有助於激發人的活躍思考。

用「假如你做得到的話呢？」的提問打破僵局！

67 用英雄採訪讓對方想像未來的樣子

你覺得要達成目標或實現夢想的話，應該怎麼做才好呢？

「我很想做，可是我應該沒辦法……」的消極想法是任何人都會有的。因此，利用前一節介紹的假設框架問對方：「假如你做到～～的話呢？」消除了對方心中的不安，他們才有可能出現其他的想法。試著去實現想像畫面是大腦的特性之一，所以我們可以透過更詳細的提問，讓對方覺得自己好像已經實現了願望或目標。因為當我們針對狀況及心情進行更詳細的提問時，對方的大腦就可以明確地想像願望實現後的樣子。

而這樣的做法就是「**英雄採訪**」。

大腦區分不出想像及現實。例如：就算只是在腦海裡想著酸梅乾，口腔也會忍不住分泌唾液。而我們**就是要利用這一點，並透過提問讓對方覺得自己好像已經實現了夢想及目標，降低願望實現的難度**。

例如以下的對話：

A：「她就像高嶺之花，要成為她的男朋友實在太難了。」

朋友：「那如果你們真的交往的話，你要帶她去哪裡過你們的第一次約會呢？」

A：「周末帶她去餐廳吃飯吧？就吃她最喜歡的義大利料理。」

朋友：「聽起來很不錯耶！那你要點什麼餐？跟她說那些話？」

A：「我會點番茄義大利麵，跟她說：『我好想一直跟妳來這間餐廳約會～』」

朋友：「這樣的周末假期真是太美妙了！要是約會成真的話，你的心情會是如何呢？」

A：「這個嘛～應該會開心到飛上天吧！居然能跟她一起去餐廳吃飯耶！」

朋友：「超讚的啊！聽起來就很幸福～那我問你，你要實現這個夢想的話，你覺得從明天開始可以試著做什麼邁出第一步（行動）呢？」

像這樣讓對方去想像自己好像已經實現了願望，使對方產生雀躍感是相當重要的一件事。而聆聽對方說話的你也盡量使用輕鬆愉快的語氣鼓舞對方以及給予對方認可，一同感受這份歡樂吧。

用興奮雀躍的語氣向對方提問吧！

68 讓自己不再三分鐘熱度的提問法

俗話說：「一年之計在於春。」不過，你也會年初設立了目標，過沒幾天就放棄，也就是所謂的三分鐘熱度嗎？

工作、學業、健康、戀愛等人生中的各種情況都必須達成一些目標。不過，人的大腦具有一種叫做「習慣化」的性質，新的刺激可以活化大腦，但重複的刺激會讓活化的效果漸漸變差。這就是造成三分鐘熱度的原因，也就是大腦已經感到平淡無奇。

若要延緩「習慣化」的速度，也就是別讓大腦那麼快感到平淡無奇，最有效的方式就是讓刺激的頻率及強度愈強愈好。

而有效增加刺激頻率及強度的方式，就是利用NLP心理學的框架技巧「8大框架目標」。

「目標」（Outcome）也就是我們想要達到的成果及目標。

這8個模式化的提問可以讓我們更明確自己的目標，幫助制訂行動計畫，進而加快達成目標的速度。定期以這8個模式化的提問刺激我們的大腦，就可以防止三分鐘熱度的情況上演。

〈8大框架目標〉

①你想達成的目標是什麼？（目標）

②你如何得知自己已經達成目標？（證據、證明）

③你要在什麼時候、哪個地方、跟誰一起達成你的目標？（狀況）

④你覺得達成這個目標會對你帶來哪些正面影響？那些負面影響？（環境）

⑤A：你現在擁有幫助你達成目標的資源（人脈、資訊、經驗等等）嗎？

B：你還必須得到哪些資源（人脈、資訊、經驗等等）幫助你達成目標呢？

⑥有哪些障礙（現象、心情）會阻擋你達成你的目標？（限制）

⑦達成目標對於你的人生有何意義？（後設目標）

⑧從明天開始，第一步要做的事是什麼？（行動計畫）

學會讓自己更快達成目標的提問方式！

第 6 章

認同對方的傾聽 篇

69 別對他人說「這真不像你」

當你看到朋友無精打采的時候，你會不會希望對方打起精神，而跟對方說：「這麼無精打采，真是不像你耶！」

也許你並沒有惡意，不過就無條件的正向關懷（接納）的標準而言，這一句話並不是很適合用來關心別人。

因為這句話也許會讓對方感到拘束，有種「我在你面前一定要永遠都很有精神才行」的感覺。不管別人是開心還是沮喪，我們都用同樣的態度去接納他們，他們才會願意敞開心扉與我們交談。

我之前一直很煩惱要不要自己創業，有一次我跟某個朋友說：「我有點擔心創業能不能養活自己。」結果對方跟我說：「你其實是想逃避創業吧？」

聽到朋友這麼說，讓我覺得他好像在批評我是個「沒有勇氣自己創業，又優柔寡斷」的人，我的心情因此更加沮喪，完全沒有勇氣創業。

後來，我也向我的心理學老師也說了同樣的話，而老師告訴我：「逃避也沒關係，畢竟你真的很害怕嘛。」

那一刻，我覺得為了創業而忐忑不安的自己受到了完整的接納，心想：「好！就算會失敗，我也要創業看看！」於是最後便鼓起勇氣創業。

比起聽見別人議論、指責自己是個「沒有勇氣」的人，當對方全然接受我們當下的狀態，並且說：「人會覺得害怕都是正常的。」反而更能讓人產生勇氣。

聽到別人批評說：「你做不到！」我們就會愈覺得自己的能力不足，心想：「我肯定做不到……」這樣當然不可能採取任何行動。

很多人都習慣對害怕失敗的人說：「你只要努力就不會失敗！」不過，真正應該說的其實是「就算失敗也不要緊」，讓對方釋放壓力，他們才會有更好的發揮及表現。

人總是努力地想讓自己過得好，只要感受到別人全然接納自己，我們的生命力就會愈來愈強大。

跟對方說：「這樣的你就很好！」

70 用適當的附和抓住對方的心

你在跟別人交談時，也會一直使用「嗯、嗯」、「對，沒錯」、「是喔～」、「原來如此」等等的附和嗎？

哲學家愛默生說：「被理解是一種奢侈。」人類更是如此，總是殷切期望別人能夠理解自己的心情。因此，真正**擅長傾聽的人就會從對方的話當中抓到與情緒（喜怒哀樂）有關的關鍵字，並且在附和時再次提及，說：「你的心情一定是○○吧！」**在諮商領域當中，這是**一種稱為「複述」（也稱為「鸚鵡學語」、「回溯」）的代表性傾聽技巧**。

讀懂對方的心情有助於讓對方說出真實想法。再次提及跟情感有關的關鍵字會比重複提起事件來得更有效。

當然了，如果是跟工作有關的事情，透過複述發生的事件進行作業上的確認，還是很有效的方式。

不過，**若想聽到對方心中真正的想法及感受，最重要的就是重複對方提過的喜怒哀樂，也就是對方的感受**。對話的發展走向則取決於你複述了哪一段內容。

假設對方說：「最近工作很忙，腰痛的老毛病又復發，真是難受。不過，公司的人手不足，所以我也不敢亂請假。」

這時，如果你是重複最前面的部分，問對方：「你最近工作很忙碌啊？」對方應該就會針對工作忙碌的部分回答，說：「對啊，最近快要關帳了……」

如果你是重複最後的部分，說：「你們公司人力這麼不足啊？」對方也許就會回答跟人力不足有關的事情，接著說：「今年有很多人都剛好退休了……」

但如果重複跟心情及感受有關的部分：「腰痛復發很不舒服吧？」對方也許就會開始傾吐感受，說：「對啊，真的很不舒服。3年前閃到腰以後，一到冬天就會腰痛……」

對話的時間有限，哪怕多爭取到1秒也好，最重要的就是及早打開接收天線，抓住對方最想說的事，並且複述對方的心情。

人都會不自覺地在對話中一再提及自己希望對方了解的事情。所以，當你有所察覺，覺得：「他好像從剛才開始就一直提到這個關鍵字」也許那就是對方最想說的話，那麼就要打鐵趁熱，及早在對話中重述對方的感受。畢竟對方隨時都在向你傳送訊號。

簡短複述跟心情相關的關鍵字！

71 用稱讚來附和

當我在研修活動等場合中請大家練習傾聽時，我發現大部分的人即使聽到對方說他們努力做了什麼事，依然只會使用「喔～是喔」、「嗯、嗯」等簡短的附和，讓話題就這麼結束了。

這樣做雖然給予了回應，卻沒辦法讓對方產生被認同（稱讚、慰問、認可）的感受。

「只有特別成就才要給予認同」是錯誤的想法。

在奧運會上獲得金牌、在公司裡坐上業績冠軍的寶座等等，擁有這些特別成就的人本來就是極少數，就算沒有這些特殊成就，大部分的人還是很努力過好自己的生活，做好自己的工作。

因此，就算是本來就應該做好的事情，我們也應該要給予認同。

其實，造成自我肯定感下降的原因之一，就是我們都忽略對於完成日常生活小事的認同。

「啊！我今天又忘記去銀行！」、「都已經月底了，我居然還沒把預算做好……」、「完蛋了！我忘記買啤酒回來冰了！」當我們忘記做這些日常小事，就會不自覺地一直責怪自己：「怎麼連這種事情都做不好！」導致自我肯定感愈來愈低。

因此，**只要對方做好該做的事情，那就大大方方地給予認同，這樣可以增加對方的動力，讓對方繼續行動，有助於進一步提升對方的自我肯定感。**

會附和卻不擅長認同對方的人，可以試著用讚美的方式附和。例如：

「嗯、嗯」→「真不錯！」

「是喔」→「是喔，很好耶！」

「原來如此」→「原來還可以這樣做啊！」

像這樣**試著用一些簡短且帶有驚嘆語氣的句子附和，讓對方覺得：「我做得真得不錯吧！」、「也許我做的真的很好！」**

用簡短的讚美附和對方！

72 別吝嗇稱讚他人

你最近是否稱讚過別人呢？

教練式領導或大多數的心理學經常運用認同的技巧讓對方產生動力及力量。認同指的是「稱讚」、「慰問」、「承認」，是一種溫柔的表現。

大多數的人都沒有察覺認同的力量，吝嗇給予他人讚美，覺得：「稱讚只會讓他得意洋洋，絕對不能稱讚他。」或「稱讚、承認對方就像在討好他一樣，我討厭這樣做。」

美國心理學家艾瑞克．伯恩提出一套有助於改善人際關係等問題的「人際溝通分析」理論。「人際溝通分析」將認同稱為「正向安撫」。安撫指的是與人之間的接觸，包含正向與負向的安撫。

《精神上的正向安撫》 笑著跟人打招呼說：「早安！」等等以態度及言語讓對方感到開心的接觸，就是精神上的正向安撫。

工作能幹的人相當講究禮儀及打招呼，他們鞠躬向客人說完：「非常謝謝您」一定會等到客人的身影完全消失才會抬起頭。

《身體上的正向安撫》擁抱、摸頭等等

透過身體上的觸碰讓對方感到開心的接觸，就是身體上的正向安撫。跟第一次見面的人握手致意，可以帶給對方好感及親近感。

《精神上的負向安撫》不回應、瞪視等等

以態度及言語讓對方感覺不開心的接觸，就是精神上的負向安撫。

《身體上的負向安撫》打屁股、甩耳光等等

透過身體上的觸碰讓對方感到不開心的接觸，就是身體上的負向安撫。

要改善人際關係的話，正向安撫即認同也是非常重要的一件事。例如：有些人回到家時都不跟家裡的人打招呼，眼睛也不看著對方，這就是一種負向安撫。

人都是在內心狀態良好時才會發揮出最好的表現。所以，反而要稱讚對方，讓對方得意一點，這樣他的表現才會更好。用稱讚的話表現出你的溫柔，別吝嗇給對方一點讚美。

要稱讚對方，讓對方得意一點也無妨！

73 無條件地認同對方

前一節提到認同就是稱讚、慰問、認可。而且，認同也可以稱為正向安撫，並分為無條件的正向安撫及有條件的正向安撫。

《有條件的正向安撫＝認同行動或結果之例子》

下屬：「部長，我完成企劃書了！」上司：「你工作效率快，真是可靠！」

小孩：「好了，我做完考卷了。」媽媽：「拿到100分了，你做的真棒！」

認同對方的行動或結果，就稱為有條件的正向安撫。

《無條件的正向安撫＝認同其存在之例子》

學生：「只要有老師在，我就覺得很安心。」

媽媽：「你真可愛。真的太感激你來到這個世界！」

認同對方存在的「存在認知」就是無條件的正向安撫。

孩子都會透過各種行動希望能夠得到父母的認同。所以，父母為了管教孩子，通常都會透過有條件的正向安撫控制孩子的行動，好讓孩子照著他們的意思去行動。

透過有條件的正向安撫給孩子建立規矩當然還是有一定程度的必要性，但如果一味地給予有條件的安撫，孩子就不會產生自我肯定感，不覺得自己的存在是重要的。

假設父母對孩子說：「你會照顧妹妹，真是個乖孩子！」孩子聽了以後，這句話背後「不照顧妹妹的你是個不乖的小孩」的意思反而會強行進入孩子的潛意識。

當孩子一直抱持「如果我沒有對任何人有用處的話，我就是一個不值得被愛的存在」想法，長大就會變成一個總是犧牲自己以成全他人的大人。

因此，**最重要的是認同對方的存在，別只有認同對方的行動及成果**。

除了直接表達你的認同，帶著笑容跟對方打招呼，說聲：「早安！」同樣也是在認同對方的存在，間接表達出「我知道你就在這裡」的意思。

人需要有人認同自己的存在，也需要有個地方接納自己的存在。面帶微笑、主動打招呼等小事的累積，都是在認同對方的存在。

讓對方知道只要他存在就足夠，不一定要對誰有幫助才行！

74
別當對方的夢想殺手

你覺得人在什麼情況下的心理負擔最大呢？

其實就是在開始做某件事的時候。

基本上，人的潛意識都討厭變化，傾向於維持現狀。就像我們都希望今天繼續維持跟昨天一樣的正常體溫，保持著身體健康。

不論是關於工作還是經濟狀況，我們的潛意識其實都希望維持現狀。因此，**要做出某個改變的話，一開始就必須具備巨大的能量**。

舉例來說，有些人小時候很討厭刷牙，但長大以後就不再抗拒，變成了日常習慣。人只要已經習慣做某件事，就不會覺得做得很痛苦。然而一開始都是最辛苦的。

有一部瘦身舞蹈的影片曾風靡一時，這部影片為了讓想減肥的人動起來跳舞並且堅持下去，因此使用了相當大量的認同語句。影片中的指導老師會邊跳邊唱：「就算手腳不協調也別在意～跳舞就是要開心跳～」、「絕對不要勉強你自己～今天跳不好的話，明天再跳就好啦～」、「跟著我跳了這麼久，你真是太厲害！」不斷地拋出一句又一句的認同。就算是不擅長跳舞的人，聽到老師說了這麼多，也會比較容易堅持下去。

在從頭開始做某件事時，「認同」可以起到一定的作用。

當別人打算挑戰新的事物，或是他的行動已經開始有所不同，這時最重要的就是給予對方「認同」的力量。

「減肥？你絕對減不下來啦！」想減肥的你肯定不想見到說出這種話的人，也不會想跟他們交談。像這樣用「不可能」、「做不到」去妨礙別人實現夢想或目標的人，就稱為「夢想殺手」。夢想殺手都會不自覺出現「不允許別人比我更幸福」的想法。出自於對家人、朋友的擔心，而使用否定的話去勸告對方，有時也算是一種夢想殺手。

不論如何，我希望各位都別讓自己成為對方的夢想殺手。**人在剛開始挑戰新事物時，通常都還不是那麼有自信，因此這時最重要的就是給予「認同」。在跟對方交談時，切勿讓自己成為對方的夢想殺手，而是要成為他們的夢想支持者。**

為對方的勇氣喝采！

75 稱讚就像迴力鏢

有些人在超市或賣場試吃完就會購買那項商品，當作感謝對方提供試吃。那麼你呢？你也這樣做過嗎？

這樣的心理就叫做「善意的互惠性」，也就是回報對方好意的心理。

工作上遇到困難時若得到對方的幫助，我們也會在對方遇到困難時主動伸出援手；交談的過程中若是獲得對方的稱讚，我們也會更容易認同對方。

因此，人若是能夠認同（稱讚、慰問、認可）周圍的人，就愈容易得到他人的認同。

然而，一些人都有「我看到別人被稱讚就會不開心，所以我才不要去稱讚別人」的想法。這是因為他們無意識地認為別人被稱讚就會對他們造成威脅。

小時候只要兄弟姊妹被大人稱讚，自己肯定就會接著遭殃被罵。如果你也有這樣的經驗，那就必須特別注意。「姊姊都已整理得那麼整齊，你怎麼還這樣亂七八糟！」小時候若是一直像這樣先聽到別人被稱讚，接著就聽到自己被拿來比較，並且遭到批評及否定，長大後就會覺得別人被稱讚等於對自己造成威脅。

假如你有這樣經驗，最重要的就是先用大腦去理解一件事——別人獲得稱讚並不一定會對你造成威脅。

你使用過集點卡蒐集點數嗎？別人的集點卡增加了點數，並不代表你手上的集點卡的點數就會減少。認同也是一樣，別人獲得稱讚也不代表你會受到批評。

除此之外，**總是以上下尊卑去看待人際關係的人，通常也很難去稱讚別人。因為他們會覺得稱讚對方等於是讓自己不如對方**。

這樣的人極度缺乏自我肯定感，所以他們會去否定、貶低對方，覺得藉此就能提升自己的價值。

然而提升自我肯定感的方式之一，其實就是得到他人的認同。

為了提升自我肯定感，一定要先學會去認同別人，如此才會更容易得到別人的認同，正所謂「好心有好報」。

認同就像迴力鏢一樣，你丟出去的迴力鏢最後還是會回到你的手上。

並不會因為別人得到稱讚
就讓你變得沒有價值！

76 改掉「幸災樂禍」的心態

回報他人的「互惠性原理」可以分成4種。

①**善意的互惠性**……回報對方好意的心理（試吃後購買）

②**敵意的互惠性**……受到帶敵意的對待後亦以帶敵意的行動回報對方的心理（被人欺負以後報復對方）

③**讓步的互惠性**……對方讓步後也跟著讓步的心理（互相致歉）

④**自我揭露的互惠性**……當對方自我揭露以後，也會敞開心扉的心理（互相坦白）

②敵意的互惠性就是指在工作上扯別人後腿的話，總有一天也會被人扯後腿；習慣否定他人的人也容易被別人否定。

並不是只有直接欺負別人才叫做帶有敵意的對待。在對方該得到讚美、認可的情況下卻故意不這麼做，這樣的舉動也足以讓對方感到倉皇無措、忐忑不安。

日本有句俗語叫做「別人的不幸就像蜜一樣甜」，看到別人不幸或失敗反倒覺得開心的這種心理，就是所謂的「幸災樂禍」。

神經醫學認為成長經歷、精神方面的不安等各種因素都會讓人產生這樣的心理。自尊心不高或是容易產生嫉妒心的人，就愈容易出現幸災樂禍的心理。

那麼，人都是在什麼情況下產生嫉妒心呢？

當別人在工作方面的實力比自己強、看起來過得比自己幸福，或是覺得對方比自己厲害、比自己幸運的時候，人就容易感到嫉妒。

擺脫嫉妒心的方法有2種。

①加強自己的實力，讓自己贏過對方

②牽制對方，讓對方失敗

如果是你，你會選擇哪個方法呢？

後者的方式相對簡單，因為自己不需要有任何的成長，只要維持現狀就能做到這件事。

抱有幸災樂禍心理的人只願意傾聽別人訴說不幸，並因為嫉妒而不願意傾聽別人分享幸福。我們必須時時整理好自己的內在（內心），才不會讓自己變成無法認同他人的人。

要讓自己有所成長，而不是扯對方的後腿！

77 先安撫對方的怒氣，才能讓對方釋出善意

與別人一起分享的下酒菜只剩最後一個時，你願意把最後一個讓給對方嗎？

那麼，當你跟別人吵架時，你會主動讓步嗎？

互惠性的原理當中有一項叫做「讓步的互惠性」，指對方主動讓步以後，我們也會跟著讓步的心理。人都是這樣，只要對方先讓一步，我們也會讓一步。不過，假如是自己重視的價值觀或規定，通常就我們就愈不可能讓步。

《卡內基溝通與人際關係：如何贏取友誼與影響他人》的作者卡內基說過**有一句咒語可以避免發生爭執及負面情緒，讓對方釋出善意，並且表達出你的意見及想法，那就是「你說得確實很有道理，換成是我的話，肯定也會跟你一樣」**。在剛開始學習心理學的時候，我曾經做過一次實驗，想驗證卡內基說的這句話是不是真的。

有一次我要出席一個活動，我在活動前一個星期寫信問負責人：「請問我當天可以帶傳單去發嗎？」結果，負責人寫信回答：「你這樣跟我說，我會很困擾。我們這邊要負責的工作也很多，大家都很忙。」從回信的內容看得出對方非常不耐煩。

當時，我覺得這是使用卡內基咒語的大好機會，於是我在回信中寫：「真的很抱歉，這麼晚才詢問您這件事情，我不曉得原來有申請的期限。在您這麼忙碌的時候才寫信告訴您這件事情，您會不開心也是合理的。換成是我的話，我也會跟您一樣覺得不開心。」

後來，那位負責人回信給我，說：「您誤會了，我並沒有生氣。我們這邊也未善盡通知的責任，真的很不好意思。非常歡迎您當天攜帶傳單過來。」

這就是讓步的互惠性。我先換個角度理解對方的立場並向對方致歉，對方也表示他能理解我的要求，並且向我致歉。假如我當時回信反擊對方：「你們又沒有說清楚期限，而且我也在活動還沒開始之前就寫信問你了，你一定要這樣跟我說嗎？」那麼我跟活動負責人之間的關係一定會變差。不只如此，我肯定也沒辦法在活動當天帶宣傳單去發。

只要你肯先讓一步，對方肯定也會讓步的。

用這句咒語試試看讓步吧！

78
答案不只一個

你也會有「正常都是這樣吧？」、「這不是常識嗎？」的想法嗎？

我們常常覺得別人應該跟自己有一樣的價值觀。

然而，近年來就連商業界都開始提倡多樣性（Diversity），愈來愈重視人們在工作中是否能夠接納及尊重彼此的不同。

傾聽他人說話也是一樣，聽者一定要明白「答案不只一個」，要尊重對方的價值觀。

與他人對話時一旦頻繁地出現「正常來說」、「這是常識」等用詞，那就不可能建立起良好的人際關係。因為這樣只會讓別人覺得你在強迫他們接受你的價值觀。

就像諾貝爾物理學獎得主愛因斯坦說「常識就是人到18歲為止累積的各種偏見」，我們所認為的常識也許並不是所有人都接受的常識。

在「瞎子摸象」的故事中，幾位眼盲的僧人摸完大象以後發表了各自的感想。

摸到象腿的僧人說：「像是一根柱子。」摸到象尾的僧人說：「像是一條繩子。」摸到象鼻的僧人說：「像是一條蛇。」摸到象耳的僧人說：「像是一把扇子。」摸到大象身軀的僧人說：「像是一面牆。」摸到象牙的僧人說：「像是一支長矛。」

每個人都堅持自己說的才對，誰也不讓誰。

這則寓言故事中的「眼盲的僧人」並不是說我們的眼睛真的看不見，而是用來表示人們沒有洞察真理的見識。

立場改變，想法也會跟著改變，有時知道一部分並不代表了解事物的全貌，這則故事也在訓誨人不能夠侷限在自己的想法之中。

教練式領導及諮商也是以「答案不只一個」的大前提為傾聽的基礎。否則，恐怕就會變成強迫對方接受自己的價值觀。

你所認為的常識也許不是別人眼中的常識！

79 人類就是因為價值觀不同才得以延續

當對方的價值觀跟你不一樣時，你會不會產生「我必須讓他的價值觀跟我一樣才行！」的想法，一直試著說服對方呢？

擁有這種想法的人其實非常多，因為只要有人跟自己的意見不同，我們就會覺得自己好像被人否定一樣。尤其是沒有自信、自我肯定感不足的人，更是需要注意自己會不會有這樣的想法。更極端一點的人甚至會認為意見相違就是在否定他們，還會將對方當成敵人，去攻擊對方。人若是不願意接受不同的價值觀，就不可能傾聽別人所說的話。

倘若所有的人類都是同樣的思維，那麼我們就能和平生存嗎？

這恐怕是一件非常困難的事。因為，如果所有人類的思維都一樣的話，就代表人類只要一感到生命有危險時，也會全部往同一個地方逃難，這樣的結果恐怕會導致人類集體滅亡。

由不同價值觀的成員齊聚一堂，並創下非凡成績的最佳代表就是迪士尼樂園。NLP心理學創始人之一的羅伯特．迪爾茨在研究了迪士尼樂園的思考策略以後，發展出迪士尼策略。根據迪士尼策略，實現夢想或目標可以分成三個重要的視角。

①夢想家（Dreamer）：華特・迪士尼本人就是這個視角的身分。不受任何限制，天馬行空地自由描繪夢想及藍圖。

②實踐家（Realist）：負責思考實現夢想及目標的策略，例如：什麼時候必須達成哪些事情等等。其存在就像為軍隊出謀劃策、引領軍隊取得勝利的軍師一樣。據說華特・迪士尼的哥哥就是這個視角的身分。

③有建設性的批評家（Critic）：不能只是一味地批評，而是要帶著建設性的觀點去確認策略是否可行，負責分析「有哪些風險」、「有沒有不足的部分」等等。迪士尼樂園的成功祕訣就在於華特・迪士尼與他的智囊分別具備這3種不同的視角，每個人各司其事，使團隊取得最佳的平衡。

工作也是一樣，正因為每個人擁有不同的價值觀，團隊才能夠順利成功。既然是團隊，就有可能由不同價值觀的人組成，彼此都要尊重對方的價值觀。強迫別人接受自己的價值觀，就是一種將成功向外推的行為。

要尊重不同的價值觀！

80「換句話說」不是萬靈丹

諮商的技巧之一是「換句話說」。

換句話說的重點在於「簡短明確地反饋對方所言的本質」。例如：

女生：「我男朋友說話總是扭扭捏捏的，我都好想叫他講快一點！」

朋友：「就是那種『皇帝不急，急死太監』的感覺吧！」

女生：「沒有錯！」

換句話說比重點摘要更加簡潔，優點是不會妨礙對方的思路，而且也有助於讓對方把話說得更加詳細、清楚。

跟對方的心情一拍即合的換句話說會讓對方覺得：「就是這麼一回事！」同時也會向對方傳達出「我很認真在聽你說話」的訊號。

不過，如果你的表達跟對方的想法不符，也許對方就會產生誤解，覺得：「你這個人根本就沒有認真聽我說話，你一點都不能理解我。」恐怕會讓對方瞬間關上心扉。因此，一定要先認真傾聽對方說話，並且一邊思考：「對方最想說的事情是什麼？」

別隨便換句話說！

除此之外，頻繁使用「換句話說」也不妥當。有些人在講話時會頻繁地換句話說，但如果頻頻換成對方不熟悉或不使用的方式來表達，反而只會一直干擾對方的思考，使對方產生對你的不信任感。結果，很有可能因此打斷對方想說的話，停止了對話。

另外，換句話說的方式如果跟對方的感受有所落差的話，同樣也非常不妥。

我曾經針對社會問題在社群平台上發文，提到「這個問題值得深思」，有一位朋友卻留下「這個問題很有趣」的回應。

看了那則留言以後，我覺得對方好像不能理解我的感受，心想：「明明是這麼嚴肅的問題，你用「很有趣」不覺得太隨便嗎？」那位朋友也許是想把「值得省思」換成「很有趣，可以試著去了解」的方式來表達，但用錯方式表達有時反而會讓對方大感失望。

因此，剛開始交談時最好重複對方說過的話就好。確定真的理解對方的心情以後，建議再來使用換句話說的技巧。

81 尊重對方的世界觀

對方的措詞就是他們的世界觀。

因此，**在交談過程中使用對方說過的關鍵字，就是在尊重對方以及對方的世界觀。**

想要得到對方的信任就不能只有同步言語的部分，也必須契合對方的世界觀。

使用換句話說的技巧也是一樣，換句話說的措詞若不能契合對方的心情，那就會變成不同步，加深對方的不信任感。

《透過複述達到同步的範例》

客人：「這款茶真好喝耶。」

店員：「這款茶真的很好喝吧～」

客人：「對啊～請問這款茶的價格是？」

直接重複客人說過的話，與對方的感受產生共鳴。

《使用換句話說卻造成不同步的範例》

客人：「這款茶真好喝耶。」

店員：「這款茶的韻味十足吧。」

客人：「呃……」

在這則不同步的範例中，客人說的「真好喝」並不包含「韻味十足」的意思，因此店員的回答就會讓客人覺得：「我覺得這款茶很好喝，但你好像不懂我的感受。」

日常生活中有很多對話其實不必刻意換句話說，反而更能順利地交談。

我有一個朋友在社福機構工作，聽說當他照顧的對象是失智症的長者時，假如問他們：「你要不要去洗手間？」他們都毫無反應，好像沒聽到一樣。

不過，換個方式問他們：「你要不要去廁所？」他們就會出聲應答，並主動往廁所的方向移動。這是因為這些長輩平時習慣使用的說法是「廁所」而不是「洗手間」。像這樣重視對方習慣的用語，他們才會更願意去做你希望他們做的事。因此，一定要用心了解對方平時習慣的說話用語。

使用對方習慣的用語！

82 不讓心中妒火愈燒愈猛烈

若要認真傾聽對方說話，就必須先整理好自己的內心狀態。

特別要注意的是自己心中有無嫉妒的情緒。人在生活不順利時也許並不想聽見別人過得有多好。這種時候就必須主動拒絕，告訴對方：「不好意思，我現在的狀態不是很好，沒辦法聽你分享。」

除此之外還有一點也很重要，那就是察覺自己想要的是什麼。

其實有很多人都未曾察覺自己的嫉妒心態。例如：

①「她長得又不漂亮，結果那麼多人都對她好，一副自以為是的樣子」

②「他工作能力又不強，憑什麼是他往上升啊。我們主管的眼光真差」

發現自己對某人產生嫉妒的心態時，最要緊的就是承認自己嫉妒對方，並不是單純地感到不滿。

因為，**在讓你產生嫉妒心態的這件事中，其實存在著你真正想要獲得的東西。你若是不肯承認自己的嫉妒心態，只想開口批評對方的話，那麼你就會一直錯失機會，永遠得不到**

真正想要的東西。

在察覺自己的嫉妒心態以後，一定要去思考自己真正想要的是什麼。例如：在範例①的情況中，就要思考自己想要的是變漂亮還是獲得眾人的關懷；如果是範例②的話，則要思考自己是希望工作成果能獲得上司的認可，還是希望晉升的人是自己。

嫉妒心就像人生的指南針，會告訴我們知道自己想要什麼。假如有件事讓你產生嫉妒心態，其實你應該感到慶幸，因為這代表你可以去思考自己真正想要得到什麼。

而且，光是察覺自己想要什麼還不夠，更要讓自己有所成長，朝著目標前進，如此一來便沒必要再去嫉妒對方了。因為只要我們相信自己總有一天也做得到，自然就不會再去嫉妒對方了。

當你再也不會因為嫉妒而產生負面情緒時，那麼不管對方說了什麼，都不會出現負面反應，例如：說話嘲諷對方、否定對方、覺得聽對方說話很痛苦、感到不耐煩等等。

如此一來，你的人際關係將會變得更加圓滑，人生也會變得愈來愈美好。放下嫉妒的心不是為了別人，正是為了自己才要這麼做。

嫉妒就像指南針，讓我們知道自己真正想要什麼！

83
先整理好自己的思緒，才能傾聽他人說話

我在擔任諮商師培訓講座的講師時，發現有很多人都沒辦法抓到對方話中的主訴。

有些人會一邊思考該怎麼給對方建議、該怎麼做才能問出體貼周到的問題等等，例如：「我應該給他什麼樣的建議才好？」、「下一個問題要問什麼才好？」等等。這樣的人容易把關心的箭頭朝向自己，心思也會脫離眼前的話題，故而漏掉了對方的主訴。

有些人很在意別人的看法，在交談時也會一直想著：「這個人究竟是怎麼看待我的呢？」而這樣的人同樣也是將關心的箭頭朝向自己。

人只有在一種情況下才能對別人產生影響力，那就是把關心的箭頭朝向對方。我們在傾聽別人說話時不必去評論或否定對方說了什麼，而是要無條件接受對方所說的內容。

每個人的價值觀都不一樣，聆聽時一直想著跟對方說：「你這樣不對！」、「你的意見有問題！」就無法做到真正的聆聽，無法真正地理解對方。

當事人中心療法的創始人卡爾・羅傑斯說：「別去糾正對方，要去理解對方。」這句話說就是這個道理。

別再評判自己及別人！

傾聽對方說話時暫時放下自己的價值觀是很重要的一件事。要暫時放下自己的價值觀，就必須先了解自己擁有哪些價值觀。

愛的別稱就叫做理解。當我們覺得自己無法理解或不願意理解對方的那一刻，便無法傾聽對方說了什麼話。

要真的做到傾聽對方說話，就必須先了解自己，熟悉自己心中的每一個角落。

那些會讓我們感到喜怒哀樂的事都會如實反映出我們的價值觀，有助我們了解自己擁有哪些價值觀。

放開手中緊握的「必須這麼做才行」的價值觀，我們才會停止評判自己及他人，也會用更包容、平等的心態去聆聽別人說話。

84 不談論不在場的人

在與別人交談的過程中，有時對方可能會提及其他人物，例如：「公司的主管很強勢……」、「孩子到了叛逆期，我真是束手無策……」、「我的對象好像劈腿了……」等等。

這時，你問的問題會不會是關於這些不在場的人呢？例如：「這個主管是個什麼樣的人？」、「您的孩子現在幾歲了？」、「他是那種會劈腿的人嗎？」等等。

諮商的鐵則之一是「不談論不在場的人」。

人有9成的煩惱都與人際關係相關。所以，跟我們交談的人也可能常常提起職場的同事、上司或下屬、家人、朋友、戀人等不在場的人。

不過，如果這時我們問對方：「他為什麼要這麼做？」、「她的心情如何？」對方的回答也只不過是個人的猜測罷了。

而且，最糟糕的是我們的關心箭頭就會朝向這些不在場的人（＝配角），而不是朝向對方（＝主角）。這樣我們不僅抓不到對方最想說的話（＝主訴），也會忽略了對方說了哪些與情緒有關的關鍵字，也就更不用說要複述這些關鍵字。**所以，就算對方提到了不在場的配**

角，我們還是必須將談話的焦點集中在對方身上。

「主管的強勢態度讓你有什麼樣的感覺呢？」（提問）

「你感覺孩子真的很叛逆，對吧。」（複述與情緒有關的關鍵字）

「你覺得他劈腿了，對吧？」（複述）

「你現在對你的另一半有什麼樣的感覺呢？」（提問）

不論如何，最重要的還是要考慮到眼前的交談對象，將焦點放在對方的心情。人的煩惱都是來自於心中，所以煩惱的解答也只存在自己的心中。

NLP的基本前提也認為**每個人其實都具備著有效改變的資源。不管是再怎麼煩惱的人，心中一定都存在著可以解決煩惱的資源**。

所以，我們只要隨時將關心的箭頭朝向眼前的交談對象，繼續聆聽他們說話，讓他們把紊亂的思緒整理清楚即可。就算我們不提供解決辦法，對方還是有辦法解決他們的煩惱。

重點是眼前的對象，不是對話中的配角！

85 跟面前的人站在同一陣線

當對方在交談時提及其他人，你會不會偏袒那些人，幫他們說話呢？

例如以下的對話：

A：「我的主管把我當成了眼中釘……」

B：「怎麼會？會不會只是因為他對你的期待比較高？」

B的回答並沒有惡意，只是擔心對方是不是有所誤會才自尋煩惱，於是說出了不同的看法。

不過，正在煩惱的A也許就會覺得B不懂他的感受，竟然還在幫主管說話。如此一來，A可能會為了證明自己說的沒錯，而更生氣地舉出那位主管有哪些不好的地方。

人們一旦覺得自己不被對方理解，就會拼命地說更多的話，企圖能讓對方理解自己。如此一來，就無法好好內省自己。

人必須懂得內省自己，自己找出問題的解答，否則就不可能有所改變。因此，身為傾聽者的我們必須先保持同理與接納的態度，與眼前的交談對象站在同一陣線上。

假設對方說：「我覺得主管把我當成了眼中釘……」我們就可以回答：「是喔？那你還好嗎？可以跟我說一下詳細情況嗎？」等等，先詢問並關心對方的狀況。

只要帶著同理的態度去聆聽，也許當A敘述完主管如何將他視為眼中釘以後，就會心想：「雖然我覺得不這麼覺得……不過有人說是因為主管對我有比較高的期待才會這樣……」開始內省自己。

人只要感覺到自己被接納，就沒有必要再防備對方，所以也會停止說服對方，開始將注意力放在自己的內在狀態。如此一來，就會有更深入的自我洞察，並且靠自己找出解決辦法。

愈容易出現「我一定要做點對他有用的事才行」、「我必須讓他知道我有多厲害才行」想法的人，就愈喜歡給對方提供建議或下達指令，請務必要多加注意。

我們首先要做的，就是盡力了解對方的心情。

不必幫不在場的人講話！

第 7 章

整頓內心的傾聽 篇

86
別干涉別人的課題

「聽完別人吐苦水，我覺得自己的心情也被影響了……」

「聽完別人的煩惱，我回到家以後還是一直在想，連我都覺得煩惱……」

如果你也會像這樣將對方的煩惱視為自己的煩惱，其實是證明你具有豐富的共情能力及想像力。你關心對方的這份溫柔，都會確實地傳達到對方的潛意識

不過，要聽別人吐苦水還要承受跟對方一樣的煩惱，其實是一件很辛苦的事，因此諮商也很強調「課題分離」的觀念。

愈溫柔的人就愈容易產生「我希望能幫對方解決煩惱」的想法。

但是，這麼做就像父母代替孩子完成他們的暑假作業一樣，其實都不是真正為了對方好。

煩惱是神賜予的禮物。人都要體驗過煩惱，並經歷過如何解決自己的煩惱，才會有所成長。成功哲學之父拿破崙．希爾說：「逆境的背後一定藏著大於逆境的報酬。」

堅信對方一定能夠通過考驗其實比出手幫助對方還困難。

幫小孩穿上鞋子對父母來說只不過是一件小事，但要等待孩子學會自己穿鞋，其實是需要非常大的耐心。

不要覺得有煩惱的人很可憐，要相信這是「他們挑戰人生課題的大好機會」，並且在一旁靜靜地守護他們即可。如此一來，你才會產生「他竟然在挑戰這麼難的課題」的敬佩之心，並且好好地傾聽對方說話。一直想著「我必須做點什麼才行」反而會讓自己聽不進去對方說的話。

一邊聽著對方訴苦，一邊想著如何幫對方解決困擾，只會讓自己心力交瘁。再說，很多時候別人找我們訴苦也不是真的想要我們幫他們解決問題。

煩惱是神賜予的禮物！

87 答案就在自己心中

你認為傾聽的大前提是什麼？

那就是不必提供對方任何建議。除非是在工作上尋求專家的建議，否則任何的建議都起不了任何的作用。

舉例來說，「洗手間在哪裡」就是一個可以回答的問題，因為這個問題有明確的答案，像是：「洗手間在走廊的盡頭」等等。

但像是「我該怎麼樣才能變幸福」的問題就沒有標準答案，因為每個人都有不同看法。**每個人都是自己的人生經營者，是自己的人生專家**，所以其實這些問題的「答案就在自己心中」。

就算是現在煩惱不已，覺得自己找不到方向、感覺快被不安擊倒的人，其實他們的心中早已有了答案。**我們要做的不是直接告訴他們答案，只需要讓他們自己去思考，自行找到問題的答案即可**。

當事人中心療法的理論認為人類無論處於什麼逆境都擁有自我實現的力量。

創始人卡爾・羅傑斯受到幼年所見景象的啟發，於是提出了當事人中心療法。卡爾・羅傑斯小時候看到採收後的馬鈴薯被放置在沒有水分、土壤而且又昏暗的地下室，而地下室只有小窗戶透進些許微弱的陽光。即使如此，這些馬鈴薯在惡劣的生存環境依然努力地向著有光的地方發芽、成長。看見這幅景象的羅傑斯相信人類就算身在困境之中，也一樣能夠拓展自己的可能性，讓自己有所成長。

人都有「實現他人期待的自己」的心理。一旦你對別人說他們是個「沒有用的人」，他們就會無意識地扮演一個沒有用的自己；反之，當你相信對方「一定做得到」，他們就會努力去回應這份期待。

問題的答案一直都在個人的心中，每個人擁有解決煩惱的能力。只要我們以這個前提去傾聽，對方的問題就會更容易得到解決。

給予建議則是因為你認為對方沒有能力，必須得到他人的幫助，所以你才會開口提出建議，這就像父母代替孩子完成他們的暑假作業一樣，都不是真正為對方好。

要相信對方的可能性！

88 該怎麼做才好？

回想一下，你在聆聽別人說話時也被問過「你覺得我該怎麼做比較好」嗎？諮商的觀念認為「答案就在個人心中」，傾聽者給予指示、命令、建議都是犯了諮商的大忌。那麼，我們應該怎麼回答這個問題才好呢？

最保險的做法是重複對方的問題，也就是回答：「你現在很煩惱該怎麼做才好，對吧？」

不過，實際上在工作場合或日常對話中，如果只是重複對方的問題，也許對方又會說：「對！所以我才要問你啊！」

因此，我要請各位先回想一下傾聽的2個重點。

①抓住話中的主訴（理解對方想說的事情是什麼）

②提出可緩和對方情緒的問題

只要掌握這2點，引導對方整理好自己的思緒及心情，讓他們做進一步的自我洞察，進一步找出解決問題的線索，對方的心情自然就會好起來。

因此，我們可以試著順著對方的問題，反問對方：「那麼你自己比較希望怎麼做呢？」

我們要做的不是直接給答案，而是透過提問讓對方自行思考出答案。除了前述的問法，透過去除限制的問題反問對方的效果也很不錯。例如：「假設一切都可以依照你希望的方向發展，那麼你想怎麼做？」等等。

假如對方的思緒還是很混亂，透過「你覺得做這個選擇的優缺點各是什麼？」等提問也能有效引導對方具體地想像最好的結果及最差的結果，讓他們站在客觀的立場去看待自己的問題。

只要對方整理清楚自己的思緒，就能將鬱悶的心情一掃而空，恢復好心情。

切記不能直接告訴對方怎麼做，一定要由對方自己思考問題的答案。**因為人本來就只願意接受自己想的答案**。所以，傾聽別人訴說煩惱時，最重要的就是將關心的箭頭朝向對方，在體察對方心情的同時也引導對方自行思考問題的答案。

就問對方：「那麼你最想要怎麼做？」

89 想像最後的結果

心中有想做的事情，卻一直擔心失敗結果遲遲不敢有所行動。你也會這樣嗎？

我在從事諮商的過程中聽過許多人訴說他們的煩惱，也看過很多人為了心中的矛盾而糾結不已，例如：「我想換工作，卻害怕失去現在的穩定生活……」、「我想要變瘦、變漂亮，可是一直忍不住偷吃甜食……」等等。

以車子來比喻的話，心中的矛盾就像是車子的「油門」與「煞車」。正因為我們的內心有這兩個完全相反的作用存在，我們才得以去驗證事物，做出最好的決定。不管做出什麼樣的選擇，都有「最好的結果」與「最糟的結果」。傾聽對方的想法，讓對方去思考這兩者之間的最佳平衡，通常對方就能夠下定決心。

A是一名單親媽媽，一個人養育孩子，並在某公司擔任兼職的會計人員。她很滿意現在的職場人際關係，但是家計問題一年比一年辛苦，讓她不得不煩惱這個問題，她為此有意考取簿記等證照，以利將來找個正職的工作，卻遲遲無法鼓起勇氣採取行動。

我：「你覺得繼續做現在這份工作的話，最好的結果會是什麼？」

A：「收入確實比較低，不過職場人際關係能保持下去，工作比較不會有壓力。」

我：「那你覺得繼續做現在這份工作的話，最壞的結果可能有哪些？」

A：「人事異動導致人際關係變差，或是公司不需要兼職員工，導致失業。」

我：「你覺得換一份工作的話，最好的結果會是什麼？」

A：「跟公司的人保持良好的人際關係，收入也增加，不用擔心生活。」

我：「你覺得換一份工作的話，最壞的結果可能有哪些？」

A：「人際關係不好，不過收入很穩定。」

我：「請你試著描述一下你最想要的狀態以及最不想要的狀態。」

A：「我覺得繼續做這份工作但最後失業的情況最可怕。最想要的狀態應該是換新工作之後也能跟公司的人保持良好的人際關係吧。」

A已經開始積極地為換工作做準備。她之前一直想著換工作後的最糟情況，卻從未考慮到現在這份工作的最壞結果。在她想清楚自己最想要與最不想要的狀態之後，終於確定了自己現在應該採取的行動。

讓對方描述出最好與最壞的結果吧！

90
讓對方清楚說出自己的感受

有時重複對方說的話，可以引導對方說出本人也未察覺或先前無法言喻的真實想法。

說話者：「他那樣說讓我覺得很不值得……」

聆聽者：「原來是這樣，你覺得很不值得。」

說話者：「也不是說不值得，也許是覺得很難過……」

當別人像這樣**重複自己說過的情緒關鍵字，像鏡子一樣如實地映照出自己的心情時，我們就會客觀地去正視自己的心情，並且換一個更貼切的說法來表達自己的心情**。

有時我們的言語表達不一定最符合自己的心情。

心理諮商有個說法就叫做「成為當事人的鏡子」。這是指透過重複與心情有關的關鍵字等方式，像鏡子一樣如實地映照出對方現在的心情。「我想成為透明的存在」是卡爾・羅傑斯說過的一句話，我認為他想表達的意思是「傾聽者要先通透自身的問題，才能成為一面如實反映案主的鏡子」。

若你希望自己成為對方的鏡子，最重要的就是自己要先維持在自我一致的狀態（察覺自己的心情且無矛盾的狀態）。

人的情感表現很複雜，有「覺得很羞恥」等直接的情感表現，也有「想在地上找個洞鑽進去」等比喻方式的情感表現。

除此之外，人的情緒有時也會顯現在「抖腳」、「雙手抱胸」等態度上。

當聆聽者在觀察對方的言語表達及非言語表達以後，以「你現在皺著眉頭是因為想起了什麼辛苦的回憶嗎？」等言語表達方式，像鏡子一樣反映出對方的心情時，對方就會察覺到自己真正的心情。諮商將這樣的技巧稱為「澄清」。

若要成為映照出對方內心的那面鏡子，就必須先打磨自己內心的鏡子，好讓自己平時就能注意並掌握自己的價值觀。

打磨自己內心的鏡子！

91 潛意識都是開放的狀態

有的人明明就不懂對方在說什麼，卻還是會附和對方：「原來是這樣！」那麼你呢？你也有這樣的經驗嗎？在傾聽別人訴說煩惱時，最重要的一點就是「自我一致」。

傾聽對方說話時是否保持「真實想法」與「行動」一致，也就是當個表裡如一的人，是一件相當重要的事。

聽不懂對方在說什麼時，如果想著：「不懂他在說什麼，我還是別問問題，不然被他發現我聽不懂的話，那不就太丟臉了。」那就是自我不一致的狀態。

人在自我不一致的狀態下，就無法專心聽對方說話。聽不懂的時候就要問一問對方，千萬別不懂裝懂。

當你對別人的行為出現「媽媽把小孩丟在娘家，然後晚上跑出去玩，這到底有沒有當媽媽的自覺？」、「比上司還要早下班的下屬都沒有工作的上進心」等想法，沒辦法感同身受地傾聽對方說話時，一定要察覺這是你的價值觀導致你產生這樣的想法。

因為，假如你沒發現其實自己有「○○就一定要～～」的想法，那麼就算對方說的是他認為非常重要的事，你可能也會當作沒聽到或是不自覺地避開這個話題。如此一來，就算你跟對方聊得再久，對方還是沒說出他想說的話，也沒辦法內省自己，最後依舊解決不了的煩惱。

而且，**假如你在心裡已經認為對方「根本不可能做得到」，那麼就算你嘴巴說「我相信你一定可以」，你內心的真實想法還是會傳達到對方的潛意識，因為人的潛意識都是開放的狀態**。

母親的心中如果相信「這個孩子就是個搗蛋鬼，拿他一點辦法都沒有」的話，這個想法就會不自覺地顯露在她的表情及言語之中，而人都有「實現他人所期待的自己」的心理，所以孩子就會真的變成一個愛調皮搗蛋的孩子。因此，假如我們沒辦法在面對別人時做到自我一致，口是心非地說出「你一定做得到」的話，對方就不可能有所改變。

不論在工作方面還是育兒方面，若要提升對方的可能性，使對方有所成長，身為傾聽者的我們都應該具備自我一致的態度。

待人要心口如一！

92 先治好自己心中的傷

有些人在聽對方說話時偶爾會感到不耐煩、失落，或是跟著對方起陷入悲傷等等。那麼你呢？你也有這樣的經驗嗎？

一直對父母帶有反抗心理的A在學時就經常頂撞師長，出了社會以後也愛頂撞上司。他從小就希望得到父母的認同卻未果，因此他對父母懷有強烈的不滿，一直很牴觸父母。

A並未察覺到這件事，所以只要上司稍微對他有所意見，他就會把上司跟父母的樣子重疊在一起，覺得連上司也不認同他，他看上司的眼神就會瞬間變得不友善，並且出現跟面對父母時一樣的反抗態度。

這是A在與他人相處的過程中，重現了自己幼年時與父母之間未解決的問題，所以在跟地位比他高的人說話時才總是一副要跟人吵架的架式。

B在大學裡負責學生輔導，他在成長過程中感覺不到父母足夠的關愛，所以長大以就變成一個拚命想得到他人認同、獲得關愛的人。

在學校時，只要有學生來找他幫忙就會感到開心，沒有學生來諮詢煩惱反而感到空虛。此外，為了讓學生私下也能找他，不光使用校內信箱與學生連繫，也會跟學生互加LINE，而且不論學生多麼早或多麼晚傳訊息都會回覆。

B還會主動跟學生說：「我明天請假，不會看學校的信箱，有事可以用傳LINE給我。」等等，所以學生也習慣了在學校規定的時間以外跟B聯絡。

因此造成B不斷地收到學生的煩惱諮詢，必須不停處理學生的煩惱，壓得B喘不過氣，也讓他失去了下班後的個人時間，在學校方面更是造成了學生過度依賴他的問題。

不過，B卻認為自己「只不過是努力地在回應學生的煩惱諮詢而已」。B並未察覺到他其實藉由讓學生對他產生依賴，來滿足自己的認同需求以及證明自己的存在擁有被人需要的價值，也未察覺到自己這樣做會妨礙學生的獨立。

當自己的人際關係存在著仍未解決的問題時，自身的情感就會影響到行為並且引起其他問題，更不用說要幫助對方了。

所以，若不先正視自己的內心並治好心中的傷痛，那麼就不可能真正地傾聽他人說話，也沒辦法給予對方任何的幫助。

別把眼前的人跟過去的人重疊！

93 了解自己給自己貼的標籤

你知道哪一件事的影響力比傾聽技巧更大，會決定我們是否能好好傾聽他人說話呢？

那就是自我形象。**心理學認為一個人的自我形象影響到戀愛、工作甚至是收入。自我形象改變，談吐就會不同，人生也會有所改變，更不用說與他人的對話、人際關係。**

那麼，所謂的自我形象究竟是什麼？

自我形象（自我認同）指的就是自己給自己貼的標籤。換句話說，你對自己的個人看法就是你的自我形象。

各位一定要先了解一件很重要的事，那就是自我形象並非事實，而是自己的個人看法。例如：假如你對自己的自我形象是「我是個笨蛋」的話，即使對方說出的「請問這樣您知道了嗎？」並沒有任何貶低你的意思，你也會覺得：「這個人把我當成一個笨蛋。」

A一直覺得自己被討厭，固執地認為別人都冷眼看著他。他總是低著頭嘀嘀咕咕地說話，跟別人說話時也不看著對方的眼睛。

當上司訓斥他：「要更有精神地看著別人說話！」他反而變得更加畏縮，躲進自己的殼裡不肯出來。當一個人像這樣對自己抱持著負面的自我形象時，就容易在人際關係方面引起問題，也容易產生負面的情緒。在這種情況下，改變自我形象遠比學習溝通技巧更加重要。

擁有正面自我形象的人會用比較親切的態度跟人說話，也會以正面的態度去解讀對方說的話，所以比較不會在人際關係中引起糾紛，也不太容易產生負面情緒。

反之，自我形象偏向負面的人就容易以扭曲、負面的態度解讀別人說的話或事情的狀況。

有些自我形象偏向負面的人也會拒絕向對方自我揭露，他們會擔心：「他會不會用這一點來攻擊我？」有的人則是在交談時一直講個不停，不給對方說話的機會，覺得這樣做就可以保護自己。

請各位想一想自己的自我形象，在這一句「我是個○○的人」中，你會使用哪些形容來描述自己呢？假如你會使用負面的形容來描述自己，例如：「我是個任性的人」等等，不妨試著把這句話改成「我是個意志堅定的人」吧。

要擁有正面的自我形象，以正面的詞彙來形容「我是個○○的人」！

94 自我形象不同，傾聽的態度也會不同

「我那麼賣力地推銷，對方卻毫無反應……」

許多銷售員都有這樣的煩惱，就是因為對方感受到他們亟欲推銷商品的企圖，才會對他們保持警戒，推銷的結果當然就不順利。讓對方產生警戒並不是因為他們的推銷技巧太差，而是因為他們對自己的自我認同（自我形象）為「銷售員＝賣東西的人」。

在NLP心理學中，由羅伯特．迪爾茨提出的「思維邏輯層次」是一套將人類的意識體系化的模型。只要了解思維邏輯層次的概念，就能理解為何銷售員推銷不順與自我形象有關。

而且，只要了解思維邏輯層次，你也會知道怎麼開口、提問才會更有效，乃至解決問題、達成目標以及有效的批評與讚美。

就像「自我認同的差異」圖（P.211）所示，銷售員對自己的自己認同若是「銷售產品的人」，就會將「推銷」擺在最有價值的層次上，所以他們就會將所有人都當成是自己推銷商品的目標，一見到人就試圖推銷。這樣的人很依賴推銷技巧，總是忙著介紹及說明產

思維邏輯層次

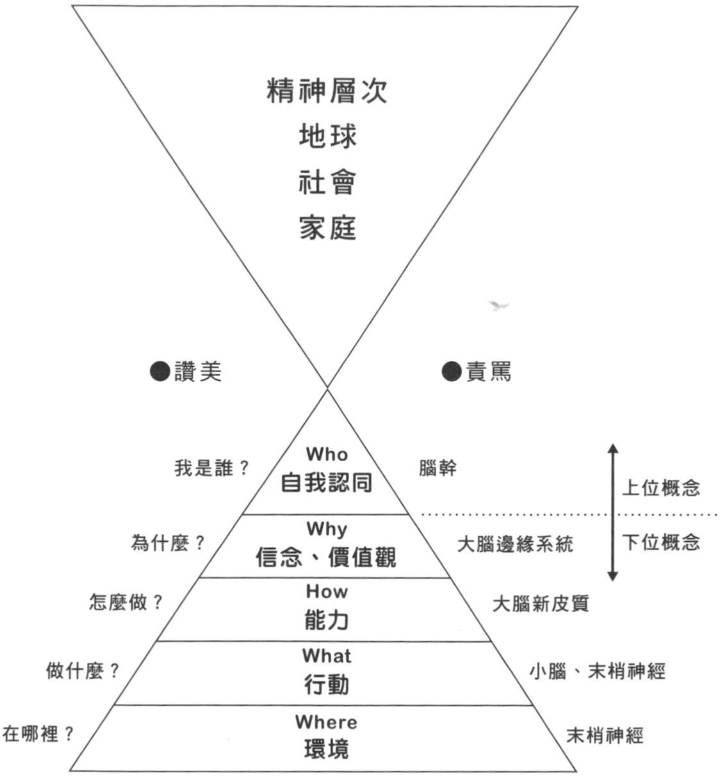

羅伯特・迪爾茨

品，鮮少傾聽顧客的心聲。

以前，有一間宅配販售蔬菜的公司打電話推銷，業務員在電話中說：「現在訂購的話，還有提供鮮奶喝到飽的服務，請問您要不要長期訂購呢？」我因為不吃乳製品便開口拒絕，回答：「我不吃乳製品，所以就不訂購了……」結果對方還是繼續說：「不喝牛奶的話，也可以訂購奶油或起司等其他產品。」完全不聽我說話，還是滔滔不絕地用他們平常的那一套推銷方式繼續遊說我。最後，我當然沒有向那間公司訂購蔬菜。

相反地，**如果業務員的自我認同是「客戶商量煩惱的對象」，那麼他們就會傾聽客戶的困擾，並向客戶提供能解決煩惱的商品或服務，不做任何多餘的推銷，所以才會得到客戶的信任**。

我有一位朋友是個很厲害的業務員，他也認為自己是「客戶商量煩惱的對象」。所以，像是對方遇到經營上的困擾時，他就會將自己認識的稅理士、社會保險勞務士等有能力解決問題的專家介紹給對方。

當業務員幫助過自己，對自己有一份恩情時，想向對方買個商品也是人之常情。正因為這樣，我這位朋友不必費心推銷產品也能有好業績。

上位概念的自我認同（自我形象）會影響到價值觀、能力、行動、環境等等的下位概念，

進而影響到對話及人際關係。

拿破崙說過：「領導者就是散播希望的人。」

正因為他具有這樣的自我形象，他在任何時候對部下說的話或教導，都是能為對方帶來希望的話語。

我們應該都要思考自己應該具備什麼樣的自我形象才能達成目標。

要擁有能讓你一展長才的自我形象！

自我認同的差異

羅伯特・迪爾茨

95 傾聽並分析對方的煩惱

人的煩惱大致上可以分成思維邏輯層次中的3個層次，分別是環境層次、行動層次及能力層次。

環境層次的煩惱：「房間亂七八糟的，真是困擾」、「體重又變重了，真是困擾」

行動層次的煩惱：「每次遲到都會被罵」、「我男朋友覺得我綁住他」

能力層次的煩惱：「我想說一口流利英文」、「我的管理能力太差了」

當別人帶著這些煩惱來找我們商量時，我們可以根據各個煩惱層次提出不同的解決方式，例如：送一本收納整理的書給房間亂七八糟的人、建議經常遲到的人設定起床鬧鐘、介紹英文會話補習班給想提升英文能力的人等等。

這樣就能解決對方的煩惱當然是最好的，**但如果對方的煩惱涉及到他們對自己的自我認同——也就是自我形象的話，那麼只靠方法論並不能真正解決他們的煩惱**。

由於每次遲到的人自我形象低落，認為自己是個「沒有價值的人」，所以他們就會採取與低落的自我形象符合的行動，也就是不自覺地重複遲到的行為，被責罵以後又覺得：

「我就說會被罵吧。我果然是個沒用的人。」

有些人就會像這樣重複做出招致他人否定的行動，人際溝通分析將這樣的狀態稱為「踢我吧（kick me）」。對於陷入這種狀態的人來說，不論別人在行動層次給予他任何建議，例如：「要不要多設定幾個鬧鐘？」、「晚上早一點睡如何？」等等，他們依然改不掉遲到的壞習慣。本人必須先注意到自己的自我形象，問題才有可能解決。此外，如果要讓他們提升自我形象，最重要的就是認同他們的存在、優點以及成就，以行動幫助對方提升自我形象。

因此，**傾聽對方的煩惱時，思考「對方的煩惱是否跟他的自我形象有關」可說是一件相當重要的事情**。

因為只要了解對方煩惱的本質，我們也會調整提問的問題。

傾聽時要了解對方的煩惱屬於環境、行動、能力層次中的哪個層次的煩惱，更要跳脫這三個層次，進一步了解對方的自我認知——即自我形象。

想一想對方的煩惱的根源！

96 惡其罪不惡其人

為什麼有些人對於與他人交談都會有「我不擅長跟人交談……」、「我擔心自己不小心多嘴……」等等的不安呢？

許多人只要有過一次失敗的對話經驗，就會認為自己是個「連話都說不好的人」。此外，他們還會抱持著「自己是個容易被人誤解的人」、「自己很遲鈍」等負面的自我形象，導致自己更說不好話、聽不懂別人說的話，無法正常發揮溝通能力。

而且，人的自我形象如果反覆地受到他人的傷害，或是受到低頻度但高強度的衝擊，也容易變得愈來愈低落。對人造成衝擊的方式之一就是責罵。

例如：假設小孩子從廚房端了一杯果汁出來，結果在抵達餐桌之前不小心打翻了果汁。這時你會跟小孩子說什麼呢？

「你在做什麼！你真的很笨手笨腳耶！」像這樣的責罵就會對思維邏輯層次中的自我認同（自我形象）層次產生影響。

自我認同會影響到腦幹。腦幹是直接控制自律功能的重要部位，掌管著體溫、肌力、睡眠、食慾、呼吸等一切維持生命的重要功能。

所以，使用以「你這個人……」開頭的責罵方式就會傷害到對方最深層的部分。那麼，實際上孩子的失誤是屬於哪一個層次的失誤呢？

打翻果汁是屬於行動層次的失敗。所以本來就只要針對他的行動失誤進行檢討即可。「端果汁的時候不可以走這麼快，一定要把果汁端穩，小心地端過來才行。下次一定要記得喔。」如果像這樣只指責他們的行動層次部分，小孩子就不會產生「我就是笨手笨腳」的錯誤自我認同，也不會傷害到他們的人格、存在等更深層的部分。

假如，**從小就產生「自己就是笨手笨腳」的錯誤自我認同，那麼長大以後在運動、讀書、人際相處等各個方面就可能受限「自己就是笨手笨腳的」的成見，而讓自己無法一展長才**。

從前有句話叫做「惡其罪不惡其人」。**最重要的就是指責對方時只需要針對對方的行動即可，不需要否定對方的人格**。因為這非常有可能影響到對方在未來的可能性。

不要阻礙對方的成長！

97 別刻意賣弄文采

「那個人硬要用英文說『agenda』，就不能直接說『會議議程表』嗎？」

明明就有更好懂的說法，但很多人就是喜歡特意使用比較難理解的詞彙，讓人聽了就覺得煩躁。

《以電影院為例》

客人：「不好意思，我的冷水杯放在座位忘記帶走了……」

員工：「您忘記帶走環保杯對吧？我現在幫您確認，請稍等一下。」

客人：「直接說『冷水杯』不就好了嗎……」

對方平時使用的語詞就是對方的世界觀，聽到別人特意換個方式說反而會讓他們覺得不開心。所以，我們在傾聽別人說話時，使用跟對方一樣的說法其實是最保險的做法。**給人好感的人在跟別人說話時都會避免使用專業用語或艱澀的詞彙**，。厲害的業務員在談話的過程中使用專業用語後若發現對方的臉色有異，也會**根據對方的反應採取不同的應對**，例如：追加補充說明、不再繼續使用專業用語等等。

那麼，為什麼有那麼多人都喜歡使用別人沒辦法一聽就懂的說法呢？

這是因為他們想要向別人展示出「我懂得的詞比你還要多」的優越感。

某個研究將受試者依照地位高低分成3組，並且請每個人選擇一份講稿進行會議簡報，一份講稿使用比較多的專業用語，另一份講稿的內容多為一般人都能聽懂的用語。結果發現，選擇專業用語講稿的比例分別是地位低的組別為41%、普通地位的組別為32%、地位高的組別則為29%。這是因為地位低的人比較在意聽者的評價，便傾向選擇專業用語較多的講稿，而地位高的人比較不在意社會地位，所以就選擇內容簡單易懂的講稿。

也就是說，**過度在意他人評價的人為了將自己包裝得更好看，就會習慣使用專業用語或艱深的詞彙**。哲學家齊克果說：「人類學會說話不是為了隱藏自己的思想，而是為了掩飾自己沒有思想的這件事。」愈沒有自信的人，說話時就愈喜歡用專業用語或艱深的詞彙包裝自己。因此，如果希望自己的應答方式能讓對方更容易接受的話，最重要的就是提升自我肯定感，讓自己不要那麼在意別人的評價。

要使用簡單好懂的詞彙！

98 學習從模仿開始

自古以來，人們都說「學習就是從模仿開始」，當我們想要精通一件事時，效仿典範（＝已經達成目標的人）的行動、思考方式、言行舉止是非常有效的方法。NLP心理學稱之**模仿（觀察學習）**。

例如：想增進自己的英文能力而向英文能力好的人提問時，可以根據以下的方向提問。

環境層次：你為了提升英文能力而在環境方面做了什麼調整？（留學、上補習班、找到一起學習英文的夥伴等等）

行動層次：具體採取了那些行動呢？（上下班搭車時看英文會話的影片等等）

能力層次：達成目標需要具備哪些能力？（聽力、發音、主動跟外國人說話的勇氣等等）

價值觀：你擁有那些信念及價值觀呢？（英文可以拓展自己的世界等等）

自我認識層次：達成這個目標可以讓你擔任哪些角色或使命呢？（英文能力好的人可以用英文為日本及海外架起溝通橋梁等等）

精神層次：可以透過這個目標為社會做那些貢獻？（運用英文能力將公司的產品推廣至海

外、向海外宣揚日本的美好等等）

想要學好英文，就要像這樣去詢問別人達成這個目標必須具備哪些資源及思維。其中，最重要的就是價值觀與自我認同。若是打從一開始就具備「我的英文能力很差」的自我認同，學習英文就會是一件很痛苦的事情；而對自己有莫名的「我的英文能力很好」自信的人，反而可以有效率地學好英文。

英文好的人大多擁有「英文是讓自己的世界變的更寬廣的工具」的正面價值觀。這樣的人在學習英文時才不會感到痛苦，因為他們相信透過了解外國文化、與外國人交流可以讓自己的視野變得更寬廣，並且讓自己的人生變得更豐富。

另一方面，擁有「學會英文在日本也沒什麼用處」等價值觀的人則不覺得學習英文有何樂趣及必要性，所以就無法全心投入英文學習。

能不能發揮自己的能力，取決於自己擁有什麼樣的價值觀。所以，假如你有什麼想學習的事或想提升的能力，當你遇到這個領域的專家時，你要問的是他們的思考方式，而不是問他們怎麼做。只要了解這些專業人士的想法，你的做法自然也會跟原來不一樣。

不要問怎麼做，要問對方怎麼想，去模仿對方的思維！

99 不只傾聽，更要表達關懷

妻子：「我的腰有點痛……」

丈夫：「我也是啊，腳痛到都走不動了……」

妻子：「……」

這樣的回應並不是共鳴，一點都沒有體察對方的感受，只是莫名其妙地在「表現出自己也很可憐」而已。

日本諮星上沼惠美子在YouTube的煩惱諮詢類的影片中說，遇到這樣的對話時，如果對方回應她：「你還好嗎？躺下來休息比較好。」她就會回對方：「聽你這樣說，我就覺得好多了。」

有時對方並不是希望你提供解決辦法或告訴他們要怎麼治療。也許就只是希望有人能夠理解他們的感受，想要聽到有人對他們說一句「你還好嗎？」的關心而已。

就像諮商之神的卡爾・羅傑斯說的「傾聽是促使改變的最強力量」一樣，當對方說自己「腰很痛」的時候，**我們要做的就只是同理對方的感受，向對方表達關心之意，這樣就算**

對方並未緩解實際上的疼痛，也會覺得心情好一些。

小孩子因為跌倒而哭泣時，只要爸爸或媽媽跟小朋友說「痛痛飛走囉」的咒語，小孩子就真的不再哭泣，是因為小小年紀的他們也感覺得到爸爸或媽媽對於他們的疼痛表達出關心之意。

假如爸爸或媽媽並未表達出他們的關心，而是說：「你還要哭多久？趕快站起來就好！」小孩子也許就會哭得更加激烈。

有個媽媽說，只要她一邊說「痛痛飛走囉～」一邊用手比出動作，假裝把疼痛抓出來並且丟給了爸爸，而且爸爸也很配合地假裝自己痛到倒在地上的話，小孩子看到以後就會破涕為笑。她感謝地說：「我真的好想頒諾貝爾育兒獎給發明出『痛痛飛走囉～』的人！」

不過，真正讓孩子破涕為笑的關鍵，還是這對爸爸媽媽用誇張的表現方式讓孩子知道父母也對他們的疼痛感同身受，並且希望他們破涕為笑的那份關懷。

傾聽對方說話並且表達自己的關懷，這樣的搭配必能讓對方有所改變。

不只傾聽，更要表達關懷！

100 傾聽是一帖「良藥」

我有一個朋友之前在治療癌症的時候跟我說過：「我爸媽講話都很難聽，在身體虛弱時與他們談話實在是難以招架。平時還有力氣可以反駁他們，但現在這麼虛弱，連回答力氣都沒有。」人尚神采奕奕時，就算要跟傾聽能力差的人對話也不成大事。但是，一旦身心狀況不好，就會覺得跟缺乏傾聽能力的人說話吃力不已。

我罹癌初期時，是在我家附近的醫院進行手術。主治醫生雖然會向我說明治療方針，但是只要提出疑問，哪怕只是小問題，就會突然轉為死眉瞪眼，回覆語氣也十分冷淡。剛開始我都是獨自回診，但由於醫生說話的語氣跟態度造成了不小的心理負擔，於是後來都會請別人陪同。只要有別人陪診，醫生的語氣就會不一樣。

生病以後，煩惱也漸長。不想讓家人擔心，所以沒辦法找家人商量；朋友又缺乏疾病知識，萬一發言不經大腦，聽了也受傷，所以也無法多談；讓同事與客戶得知病情可能落得失去工作，更無法開口。而萬一醫生過於嚴肅，讓病人不敢多問，將使人更加孤立無助。

後來，我轉到另外一間醫院進行治療，那間醫院的主治醫師及藥師的傾聽能力都非常好，讓我感到受寵若驚。不管是多麼小的問題，他們都願意接受患者向他們提問，而且不論患者問什麼，他們都會有耐心地回答問題。

我：「我有時候都會覺得這裡好像被手槍射中一樣，感覺會『咻——』地痛了一下。」

醫師：「我覺得被手槍射中應該會更痛啦（笑）。」

後來這位主治醫師都會像這樣以輕鬆幽默的語氣向我解釋有關症狀的問題，我才能夠帶著比較輕鬆的心情去回診。

患者都會**藉由「訴說」來「釋放」心中的不安**。所以，傾聽患者說話其實具有讓患者在開始藥物治療之前就能放鬆心情的「效果」。

「傾聽」就是一帖「良藥」。並不是只有藥物才能治好人的病，側耳傾聽的力量同樣也能讓人漸漸好起來。

現在，日本有愈來愈多醫院安排接受過傾聽訓練的護理師提供專業的照護。不過，人在生死存亡之際，不太會跟一個才見面兩、三天的人訴說病情或人生煩惱。所以，當重要的人受苦時，只要能夠傾聽他們並表達理解，就能讓他們的心獲得救贖。

「傾聽」就是一帖「良藥」！

結語

非常感謝各位讀完這一本書。

假如要用棒球的「守方」或「攻方」來比喻傾聽的話，你覺得傾聽是「守方」還是「攻方」呢？

我認為傾聽應該是「攻方」。

因為聽者的附和方式、提出的問題，都會直接影響到交談的深度及廣度，對話的主導權一直都掌握在聽者的手上。不管是想讓對話變得更加熱絡，還是讓對方說出自己想要聽到的內容，都取決於聽者的傾聽方式及態度。

能得到「那個人給人的感覺真不錯」的評語的人，通常都是懂得傾聽的人。只要看著對方，把注意力放在對方身上，並且找出對方身上的優點，你自然就會露出真心的笑容，完全不必勉強自己擠出虛假的笑容。所以，你當然也不會覺得心力交瘁。

在聽過許多人的各種知識、經驗以及感受之後，你的視野會變得更寬廣，也會有更深的理解，因此你便能夠透過他人以及各種事物收穫感悟。如此一來，你的人生也會變得更有深度。

我們能夠傾聽許多人說話，就意味我們擴大了自己接納他人的器量。

只要自己的器量變大，不論狀態好的自己還是狀態不好的自己，我們都能無差別地接納。如此一來，我們就不會害怕失敗，任何事情都勇於挑戰。而且，再也不會過度責備自己，所以我們的自我肯定感也會提升。當自我肯定感提升了，就能夠原諒他人的過錯，接納更多的人以及對方的人生。

如此一來，你在人生中遇到喜歡的人肯定遠遠多過於討厭的人。

生命裡圍繞著自己喜歡的人，不是一件很幸福的事嗎？

我希望這本書能夠讓你收穫傾聽的力量，使你去幫助更多的人得到幸福，也讓你為自己創造幸福的人生。願傾聽的力量守護著你，使你的人生閃耀光芒。

藤本梨惠子

〈作者簡介〉

藤本梨惠子

Fine Mental Color研究所代表
美國NLP協會認證NLP高級執行師
日本國家資格　職涯發展諮商師
企業諮商師
個人色彩分析師
色彩治療師

出生於日本愛知縣，具十多年的設計師經歷，每月加班超過130小時。某一天因壓力過大導致門牙斷裂，從而開始思考「何謂幸福的生活方式」，進而促使正式學習職涯發展諮商與心理學。以NLP為主軸，掌握並整合教練式領導、諮商及正念冥想等方法，活用自身所學成為一名獨當一面的職涯發展諮商師兼講師。在各企業、大學及公家機關舉辦2000場以上的演講，演講內容涉足婚姻諮商到職場諮商各領域，受講人數已突破1萬人。另開設教練式領導、個人色彩分析、色彩治療、骨骼診斷分析等專業培訓講座，結訓學員亦超過500人，個別諮商人數則超過1000人。

求生欲UP！
職涯諮商師的100好感傾聽術

出　　版／楓書坊文化出版社
地　　址／新北市板橋區信義路163巷3號10樓
郵政劃撥／19907596　楓書坊文化出版社
網　　址／www.maplebook.com.tw
電　　話／02-2957-6096
傳　　真／02-2957-6435
作　　者／藤本梨惠子
翻　　譯／胡毓華
責任編輯／林雨欣
內文排版／楊亞容
港澳經銷／泛華發行代理有限公司
定　　價／380元
初版日期／2024年6月

國家圖書館出版品預行編目資料

求生欲UP！職涯諮商師的100好感傾聽術 / 藤本梨惠子作；胡毓華譯. -- 初版. -- 新北市：楓書坊文化出版社, 2024.06　面；　公分

ISBN 978-986-377-971-1（平裝）

1. 傾聽　2. 人際傳播　3. 人際關係

177.1　　113005920